기본편_최신 개정판

# 학교 타로상담
## & NLP상담

본 『학교 타로상담 & NLP상담(기본편)』에 사용된 유니버셜웨이트 타로카드 이미지는 정식 절차를 통해 미국 U.S.Games 사의 라이선스를 획득, 사용합니다.

Illustrations from the Universal Waite Tarot Deck® reproduced by permission of U.S. Games Systems, Inc., Stamford, CT 06902 USA. Copyright ©1990 by U.S. Games Systems, Inc. Further reproduction prohibited. The Universal Waite Tarot Deck® is a registered trademark of U.S. Games Systems, Inc.

NLP 관련 참고 & 인용: 국제공인 CANADA ERICKSON COLLEGE & K-NLP (대표 저자 최옥환 CANADA ERICKSON COLLEGE 트레이너 & K-NLP 트레이너 자격 보유)

# 학교 타로상담 & NLP상담 기본편(개정판)

1판 1쇄 발행 2021년 5월 7일
2판 1쇄 발행 2023년 5월 19일

**지은이** 최지원 이미정 장선순 추주연 성영미 서경은 김은미 우수옥 김건숙 조혜진 서의환
**감수** 이명희 신경희 우제석

**교정·편집** 윤혜원    **마케팅·지원** 김혜지
**펴낸곳** (주)하움출판사    **펴낸이** 문현광

**이메일** haum1000@naver.com    **홈페이지** haum.kr
**블로그** blog.naver.com/haum1000    **인스타** @haum1007

**ISBN** 979-11-6440-352-3(03180)

좋은 책을 만들겠습니다.
하움출판사는 독자 여러분의 의견에 항상 귀 기울이고 있습니다.
파본은 구입처에서 교환해 드립니다.

# 『학교 타로상담 & NLP상담(기본편)』 개정판 발간을 축하하며

뜻하지 않게 시작된 코로나19로 인해 우리의 많은 것들이 바뀌었으며 어떤 것은 멈추어 버렸다. 그동안 너무나 당연하게만 여기고 지나쳤던 일상들이 얼마나 귀한 가치를 가진 것들인지, 늘 마주하는 가족과 친구들과 이웃은 또 얼마나 소중한 존재인지 새삼스레 하루에도 몇 번씩 되새겨 보게 된다. 그러고 보니 함께했던 그때가 참 그립다.

학교급은 달라도, 마스크로 얼굴 절반씩을 가린 채 아이들과 만나야 하는 교사들은 그들의 이야기에 더 귀 기울여 주지 못해 안타깝고, 힘들 때 더 가까이에서 손 내밀어 주지 못해 마음 아파한다. 아이들은 아이들대로 교사들은 교사들대로 내보이지 못하고 가두어 둔 이야기들로 힘들어하며 위로받고 싶어 한다.

최근에는 많은 교사들이 타로카드를 상담 분야와 접목시켜 학교 현장에서 활용하고자 연수도 받고, 학회 가입 등을 통해 전문적으로 공부하기도 하며 역량을 키워가고 있는 중이다. 특히 선두에서 이러한 흐름을 전국적으로 넓게 확산시키며 활발하게 이끌고 있는 최옥환 마스터님의 앞으로 활약이 더 기다려진다.

이번에 발간하는 『학교 타로상담 & NLP상담(기본편)』은 체계적으로 타로카드를 공부하고 자격을 갖춘 현직 교사 & 학부모 & 비(非)교원들이 진행한 학생상담 사례와 내용들로 채워져 있어 다양한 타로카드 해석과 함께 지금까지 어디서도 마주하지 못했던 '상담 길라잡이'가 될 것이라 기대한다. 기본편을 시작으로 더 많은 상담 사례들이 공유되어 계속 선한 영향력을 나눌 수 있으면 좋겠다.

이에, 지치고 힘들어 위로가 필요한 아이들과 교사들에게 소통과 치유의 시간이 되고, 구성원들의 자존감 회복으로 건강하고 행복한 학교 공동체가 되기를 바라며 『학교 타로상담 & NLP상담(기본편)』을 가까이에서 활용해보길 추천드린다.

대표 감수   이명희

- 한국타로상담 & NLP상담 전문가협회 타로상담 트레이너(1급)
- 국제공인 NLP Practitioner
- 마르세이유타로카드 전문트레이너(1급)
- 컬러타로 상담전문가(3급)
- 에니어그램전문강사(1급, 평생교육연구회)
- 저서: 타로카드 상담전문가 프레젠테이션(공저), 마르세이유타로카드 상담전문가(공저)
- 아동상담 박사수료
- 전 충북유아교육진흥원장

시간 참 빠르다.『학교 타로상담 & NLP상담(기본편)』 초판이 출간된 지 2년이 지났다. 초판이 출판될 당시만 해도 코로나 19가 극성이었지만, 최근에는 학교 현장에서도 학생, 교직원의 마스크 의무 사용이 폐지되고 외부 교육 활동도 상당히 자유로워졌다.

2014년도 국립 C대학교 교원연수원에서『타로카드 힐링 & NLP상담 코칭기법』이라는 연수명으로 30시간 교원연수를 시작한 이래, 올해 한국교원연수원의 연수까지 전국의 수천 명의 교원연수와 대학 평생교육원 수강생을 배출했다. 전국 여러 교육기관에서 타로 강의, 타로 연수가 대중화된 현 시점에서 우리나라의 교원연수 & 대학 평생교육원에서 타로카드상담 & NLP상담을 주제로 강의를 한 선구자이며, 연구 출판물을 국내에 소개한 최초의 역할을 했다는 뿌듯함이 요즘 들어 더욱 마음을 파고든다. 그동안 많은 선생님과의 인연이 있었고, 지금도 이어오고 있는 인연도 많다. 또한, 한국○○연수원에서는 교원연수 접수를 시작한 지 30분이 채 안 되어 200~300명의 접수가 몰려 80명씩, 160명의 교원분을 두 개의 과정 강의로 나누어 강의하는 감사한 일도 수년 동안 반복되었다. 멀리 부산, 경남, 강원, 충북, 충남 등에서 서울까지 올라오셔서 수일을 숙박하시며, 교원연수를 수강하신 분들이 너무나 감사했고, 따뜻한 식사 한 번 대접하지 못해 지금도 여전히 죄송할 따름이다.

그 이후 학교 현장에 타로상담이 보편화되어, 그 상담의 효과를 보면 좋겠다는 간절함으로 전국 타로상담&NLP상담교사연구회(https://cafe.naver.com/tarotedu) 라는 카페를 개설한 날짜가 2017년 7월 16일인 것을 보니, 선생님들과의 인연이 참 오래전부터 계속되고 있음을 새삼 다시 한 번 느끼며, 소중한 인연에 감사함을 마음속 깊이 간직하고 있다.

최근 들어, 전국적으로 많은 타로 상담에 대한 대학 강의, 교원연수들이 개설되고 요청이 들어오고 있다. 심지어는 온라인 원격 연수, 강의들이 많이 생겨나고 있다. 참 감사한 일이다. 하지만, 학교 현장에 맞게 제대로 된 타로 상담, 학생들에게 용기를 주고, 행복을 가져다주는 타로 상담이 아니라, 단순히 미래를 예측하는 점으로 취급하는 연수, 강의들이 진행되는 모습을 보며 큰 아쉬움을 느꼈다. 또한, 타로 상담과 연계하여 진행하는 강의, 연수에서도 내용적인 면이나 학교 현장에서의 접목이 부족한 점을 보며 안타까움을 느끼게 되었다. 학생들이 마음 열고 다가와 진솔한 상담으로 연결하여 변화를 이끌 수 있는 큰 장점이 타로 상담에 있는데도, 학교 현장에서 잘못 사용되고 있는 상황들이 있어 안타까웠다. 이에 제대로 학교 현장에 타로 상담을 알려야겠다는 마음으로 전국 타로상담&NLP상담 교사연구회 회원분들과 함께 타로 상담 사례를 모으며, 같이 머리를 맞대어 『학교 타로상담 & NLP상담(기본편)』이라는 책을 출판하였고 초판 품절이라는 인기를 얻었다. 우리나라에 많은 타로 상담이 진행되고 있으나 학교 현장에서 학생을 상담하는 방법을 몰라 적용하지 못하고 있는 점이나, 학교 현장과 관련된 타로 상담 책이 한 권도 없다는것이 연구회 선생님들과 함께 늘 안타까웠던 부분이기도 하다.

수년 전 여름방학, 단재교육연수원에서 교원연수를 진행할 때 있었던 일이 생각난다.

"선생님, 저는 교육부 소속의 교사가 아닌 대안학교 교사입니다. 여러 유형의 대안학교 중 저희 대안학교 학생들은 여러 문제 성향이 있는 학생들이 대안 교육을 받는 곳인데, 평소 마음의 문을 굳게 닫고 있는 아이들이 제가 타로카드를 만지작거리는 것을 보고, 자발적으로 다가와 본인들의 마음을 보여주며 상담을 하는 겁니다. 바로 이거다 싶었습니다. 제대로 타로 상담을 공부하여 학생들에게 도움을 주고 싶습니다."

바로 이점이 우리 저자들이 바라는 바이다. 과학 문명이 발달할수록 더욱 본인을 숨기며, 나 홀로하는 생활이 늘어나는 경향이 크다. 그러면서 여러 문제 상황에 봉착하며, 마음의 병으로 학생들의 내면에 자리 잡게 되는 경우가 많다. 바로 타로카드상담이 학생들의 이런 닫힌 마음을 열고, 세상 밖으로 나와 행복한 삶으로 이어갈 수 있는 상담으로 밝은 학교, 행복한 학교로 연결되는 도구가 되었으면 하는 바램으로 이 책을 준비하게 되었다. 또한, 수년 전 시작된 코로나19 상황으로 학교 현장에서의 상담, 교육에 있어서 여전히 큰 어려움을 겪고 있다. 이런 시기에 이 책을 통해 학교 현장과 관련된 학생, 교사, 학부모 등 모든 분께 웃음과 긍정의 에너지를 드리고 싶은 마음에 『학교 타로상담 & NLP상담(기본편)』개정판을 준비하게 되었다.


완전한 코로나 극복과 행복한 학교, 학생들을 위해

2023년 초여름을 느끼며

대표 저자 최옥환(필명, 최지원)

## 목차

# 제 1 장

# 학교 현장 타로상담
# & NLP상담 사례 & 소감문

이론적인 내용으로 학교 현장에 타로상담을 적용하기가 만만치 않을 수 있어 학교 현장 상담에 직접 활용할 수 있는 타로상담 사례를 7편 수록했으며, 일반적인 책 구성과 다르게 사례를 앞부분에 배치하였다. 학교 현장에서의 타로상담의 사례를 먼저 살펴본 후, 타로상담에 대한 이론적인 설명을 접하게 된다면 학교 현장의 타로상담에 대한 접근이 훨씬 수월할 것이다. 이 7편의 사례는 현직교사가 학생을 상담한 4편의 사례, 학부모가 학생인 자녀에게 상담한 1편의 사례, 상담센터 등을 운영하는 비(非)교원이 의뢰를 받아 학생인 내담자를 대상으로 상담한 2편의 사례를 수록하였다. 사례를 통해 여러 상황에서 학교 상담에 접목할 수 있는 타로상담의 노하우를 소개하려 했다. 현직 교사가 상담한 4편의 사례는 초등 및 중등 담임교사가 직접 진행한 상담으로 2편을 그리고 학교 관리자인 교장 선생님이 상담한 1편의 사례, 진로상담교사가 진행한 1편의 사례로 구성하여 다양한 타로상담을 안내할 수 있도록 노력하였다.

이 책의 공저들이 책 내용에 나름 쉽게 접근할 수 있도록 노력하였으나, 학교 현장에서 받아들이기에는 생소하고 어려울 수 있다. 더군다나 한정된 지면과 일방적인 전달로 인해 더욱 그럴 수 있을 것이다. 안타깝게도 타로카드를 제대로 이해하지 못하고 있으면서 전문가라고 자칭하는 사람들과 이들에 의한 연수 혹은 강의까지 늘어나고 있다. 그래서 학교 현장에서 사용되는 타로상담만큼은 제대로 이루어져야 한다는 큰 바람으로 '전국 타로상담 & NLP상담 교사연구회(https://cafe.naver.com/tarotedu)'에서는 직접 찾아가는 대면 강의와 온라인 쌍방 강의를 많이 개설하였다. 제대로 된 타로상담을 통해 문제를 해결할 수 있도록 노력하고 있으며, 앞으로도 더욱 노력할 것이다. '전국 타로상담 & NLP상담 교사연구회'에 가입하여, 여러 연수 및 강의를 수강하거나 같이 활동을 하고자 하는 전국의 교원분들은 언제나 환영이다.

후속으로 출판 예정인 『학교 타로상담 & NLP상담 사례(실전편)』에서는 더욱 풍부한 실전 위주의 내용과 전국의 학교 현장에서의 타로상담 & NLP상담을 집중적으로 수록할 예정이다. 타로상담과 NLP상담에 대한 연계상담 사례는 후속으로 출판 예정인 『학교 타로상담 & NLP상담 사례(실전편)』에서 여러 사례를 선보일 예정이다. 갈수록 어려운 생활 지도와 학생상담에 타로상담이 한 줄기 빛이 되어 밝은 학교를 이루어나가면 좋겠다는 간절한 마음을 담아 본다.

# I. 학교 현장 타로상담 사례

사례 1

## " 친구들과 관계 맺기 및 개선 상담 "

본 타로상담 사례는 우수옥 선생님께서 초등학교 5학년 여학생을 대상으로 실시한 타로
상담 사례이다.

상담일자: 2023년 4월 4~5일, 상담자: 우수옥(초등학교 교장), 내담자: 임미연(가명, 초
등학교 5학년)

---

**1회기_ 4월 4일 만남** (중간놀이 시간 약 30분 정도)

---

미연: 안녕하세요?

상담자: 미연이, 안녕~ 반갑다. 미연이가 어제 열이 나서 학교에 오지 않
       았다고 들었는데 오늘 학교에 왔다고 하여 보고 싶어서 불렀어.

미연: 오늘은 괜찮아서 왔어요.

상담자: 어제 많이 힘들었지? 나았다니 좋구나. 이마에 붙인 것은 뭐야?

미연: 열을 내리게 하는 패치예요. 오늘까지는 붙이고 있으려구요.

상담자: 그렇구나.

상담자: 미연이의 지금 기분은 어떤가? 색카드로 뽑아
       볼까? (테이블에 컬러카드가 보이도록 펼쳐놓고 선택하게 함)

미연: (YELLOW I 을 뽑아 들고) 이 색이요.

상담자: 카드를 보면서 어떤 생각이 드는지 말해줄 수
       있니?

미연: 어제 학교에 오지 않아서 친구들과 싸우지 않았고, 오늘도 아프다고 해서인지 친구들이 아무도 나를 건드리지 않아서 기분이 조금 좋아요.

상담자: 그렇구나. 오늘 미연이는 몸이 치료되고, 오랜만에 친구들 보아서 반갑기도 하고, 친구들과 잘 지내어 마음이 가벼워서 좋은가 보다. 미연이는 친구들이 건드리지 않으면 좋으니?

미연: 네, 친구들이 뭐라고 하면 자꾸 화가 나서 싸우게 되거든요.

상담자: 친구들의 어떤 말이 화나게 하는데?

미연: 내 말을 들어주지 않구요, 자꾸 거짓말이라고 하고, 뻥 친다고 해요. 내 말을 알아듣지도 못하는 것 같아요. 그래서 화가 나요.

상담자: 그렇구나. 친구들이 미연이의 말을 끝까지 잘 들어주고 미연이의 말을 믿어주고 잘 알아듣고 이해해주면 좋겠다는 것이구나.

미연: 네.

상담자: 미연이는 학교에서 가장 친하거나 가깝게 지내는 사람이 있니?

미연: 없어요.

상담자: 걱정되는구나. 미연이가 친구가 많으면 좋겠다는 생각이 들어. 어떻게 하면 친한 사람이 많이 생길지 생각해보자.

상담자: 미연이는 어떤 색을 좋아하니? 미연이가 좋아하는 색을 한 장 뽑아볼래?

미연: (COPPER를 뽑아 들고) 이 색이요.

상담자: 그 색이 왜 좋은지 말해줄 수 있을까?

미연: 전에는 노란색이나 핑크색을 좋아했는데 이제는 싫어졌어요. 그런 색 옷을 입을 수도 없구요. 이 색이 부드럽고 친구들이 촌스럽다고 놀리지 않을 것 같고 좋아요.

상담자: 그렇구나. 미연이는 친구들의 생각도 중요하다고 생각하는가 보구나. 이 카드를 보니 미연이가 무엇인가 하고 싶은 것도 많은 것 같다는 생각이 드는데 말해줄 수 있니?

미연: 저는 돈을 많이 벌고 싶어요. 그래서 여행도 많이 가고, 갖고 싶은 것도 많이 사고 싶어요. 꼭 다른 나라로 여행도 가보고 싶어요.

상담자: 그렇구나. 지금 사고 싶거나 갖고 싶은 것이 있니?

미연: 네, 롱보드를 사고 싶어요. 롱보드를 타고 씽씽 달리고 싶어요. 아빠께 사 달라고 하고 싶지만 지난번에 휴대폰을 떨어뜨렸을 때 깨져서 고치느라 돈이 많이 들어서 사 달라고 못했어요.

상담자: 그랬구나. 미연이는 참을성도 있고, 말하는 것을 보니 에너지도 넘치는구나. 내일 오후에 시간 되면 다시 올 수 있겠니? 내일 보면 좋겠어.

미연: 네, 공부 마치고 선생님께 말씀드리고 올게요.

(※ 미연이가 돌아가고, 다음에 만나 친구 관계에 대한 상담을 어떻게 할지 생각함.)

---

**2회기: 4월 5일 만남** (수업 종료 후 1시간 정도)

---

(※ 담임 교사의 말씀을 들으니 어제오늘 이미 학급 친구들과 다툼이 있었다고 함. 오후에 미연이를 만남.)

미연: 안녕하세요.

상담자: 어서 오렴. 감기는 다 나았니?

미연: 네~ (지쳐서인지 마음이 좋지 않아서인지 힘이 없어 보임)

상담자: 오늘 ○○이와 다투었다고 하던데 어떤 일로 다투었는지 말해 줄 수 있니?

미연: ○○가 자꾸 놀려서요. 기침을 하지 않는데 감기 걸렸다고 거짓말

한다면서 놀렸어요. 어제도 그랬구요. 저는 기침보다 목감기이고
열도 많이 나서 아팠는데, ○○이가 믿지를 않고 학교 오기 싫어서
아픈 척했다고 하면서 놀려서 싸웠어요.

상담자: 미연이가 많이 속상했나 보구나. ○○가 믿어주지 않고, 위로해
　　　　주지 않아서 말이야.

미연: 네.

상담자: 미연이와 친구들이 어떻게 하면 서로 믿고 사이좋은 친구들이
　　　　될 수 있을지 카드로 뽑아서 살펴볼까?

미연: 네.

상담자: 오늘은 새로운 카드야. 미연이가 친구들과 잘 사귀고 잘 지낼 수
　　　　있도록 생각하면서 왼손으로 3장을 뽑아줄래?

[※ 테이블에 유니버설 웨이트 타로카드를 셔플하고 스프레드하여 미연이가 왼손으로 3장을 뽑아주어 쓰리
카드 배열(과거-현재-미래로 리딩 생각하며)로 펼침]

상담자: 미연아, 카드를 보니 어떤 느낌이 들어?

미연: 가운데 카드는 좀 무섭고 싫은데 세 번째 카드는 좋은 것 같아요.

상담자: 그렇구나. 이번에는 어제 사용하였던 색카드도 3장 뽑아보자.

(※ 미연이가 왼손으로 컬러카드를 3장 뽑아 주어 유니버설웨이트 카드 아래 배치하여 보조카드로 리딩함.
컬러타로카드를 배열하는데 'BLACK I'을 놓는데 미연이가 '으윽'하고 소리를 냄)

상담자: 미연아 카드들을 보니 어떤 생각이 들어?

미연: 검은색은 싫어요. 뭐가 안 좋은 것 같아요.

상담자: 그런 생각이 들었구나. 미연아, 이 두 카드는 미연이가 지금까지
어떻게 해왔는지 보여주는 카드야. 어떤 것 같아?

미연: 칼을 똑바로 들고 다른 곳을 보면서 무엇인지 열
심히 하는 것 같고, 색카드는 기분이 좋아지는
색인 것 같아요.

상담자: 그래, 이 카드는 어떤 어려움도 이겨내려는 강
한 성격을 가졌다는 걸 뜻해. 미연이는 강인한
정신력을 가진 사람으로 일을 완벽하게 잘하
려고 하는 사람이야. 색카드는 망설이기는 하
지만 마음을 즐겁게 해주고, 스트레스 해소에
도움이 되며, 긍정적인 마음을 갖게 하는 색이
야. 미연이가 지금까지 그렇게 생활해온 것 같

아. 친구들과 친하게 지내지 않는 어려운 상황
도 잘 이겨내었고, 친구들과 싸우기는 해도 금
방 마음을 풀고 사과하고 즐겁게 지냈지?

미연: 그렇기는 해요. 학교에서 계속 같이 지내니까요. 학원에 가서 아이
들을 만나보면 더 심해요. 욕도 많이 하구요. 그러지 말라고 싸우기
도 많이 하는데 어떨 때는 모르는 척하기도 해요.

상담자: 그랬구나. 주변 아이들이 미연이의 마음을 이해해주면 좋겠구
나. 미연아, 이 카드는 어때 보여?

미연: 의자에 있는 사람이 왕인 것 같은데 금방이라도
막 싸울 것 같아서 싫어요. 그리고 색카드도 검은
색인데 싫어요. 저는 옷도 (자신이 입고 있는 옷을 가리키며)
이런 회색을 많이 입어요.

상담자: 그렇구나. 왕은 아주 강한 의지도 있고, 일할 때
리더십도 발휘하고, 자기 뜻을 주장하는 자기중
심적이고 안정되기를 바라며, 책임감도 아주 강
한 사람이야. 그런데 미연이가 본 것처럼 다른
누군가가 싸움을 걸어오거나 빼앗아 갈까 불안
한 마음도 있고 근심하고 걱정하고 있기도 해.
그러니까 무언가를 뺏으려고 하거나 무어라 하
면 잘 싸우기도 하겠지. 색카드는 엄숙하고 두
렵기도 하고 우울하며 혼란스러움을 주는 색이
라고 할 수 있어. 미연이의 마음하고 비교해볼
수 있을까?

미연: 제 마음과 비슷했던 것 같아요. 친구와 싸워서 교장 선생님께 꾸중
들을까 봐 걱정했거든요. 그리고 선생님과 친구들이 저에게 잘못

했다고 해서 화도 나고 속상하고 슬프기도 했었어요.

상담자: 그랬구나. 지금도 꾸중 들을까 걱정하는 마음이 있니?

미연: 아니요. 지금은 안 해요.

상담자: 미연아, 친구들과 자주 싸우니?

미연: 네. 매일 싸우는 것 같아요.

상담자: 매일 검은색 마음처럼 좋지 않았겠구나. 어떻게 하면 좋을까? 이제 이 두 카드를 볼까? 어떠니?

미연: 여왕 같은데 예뻐요. 그리고 멋있어요. 무엇이든지 마음대로 할 수 있을 것 같아요. 밑에 색은 잘 모르겠는데 무늬는 좋은 것 같아요.

상담자: 맞아, 여왕이야. 편안하고 만족스러워 보이지? 그러나 시기하고 질투하는 모습이기도 해. 미연이의 미래가 어떠면 좋겠어?

미연: 편안하고 만족하면 좋겠어요.

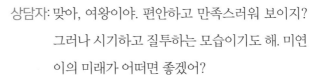

상담자: 아래 카드는 우리 생활을 실제 정확히 파악하기 어렵기도 하고, 어떤 일을 해결하는 데 큰 힘이 들고 시간이 많이 필요하지만, 그만큼 안정적일 수 있다는 걸 알려주는 카드야.

미연: 네, 배웠어요. 벌집처럼 생겼는데 무척 튼튼하다고 했어요.

상담자: 그렇지. 미연이가 미래에는 친구들과 좋게 관계를 맺어서 안정적으로 변한다는 뜻인 것 같아. 힘들고 시간이 걸릴 수 있지만 말이야. 그러려면 어떻게 해야 할까?

미연: 친구들과 잘 지내면 좋을 것 같아요. 싸우지 않구요.

상담자: 친구들과 잘 지내기 위해서 어떻게 해야 할까?

미연: ….

상담자: 친구들한테 바라는 걸 미연이가 먼저 해주면 어떨까? 예를 들어 미연이의 말을 친구들이 들어주기 바라면 미연이가 먼저 친구의 말을 들어주고, 친구들이 사과해주기를 바라면 미연이가 먼저 사과해주고, 속상하거나 화가 나는 것은 친구들에게 "속상하다, 화가 난다" 말로 해주고.

미연: 한번 해볼게요. 해도 안 되면 어떻게 해요?

상담자: 할 수 있을 거야. 미연이는 마음먹은 대로 하는 사람이고 끈기 있게 하는 사람이라고 보이거든. 시도해보다가 안 되면 우리 만나자. 미연이가 찾아오면 좋고, 가끔 미연이가 해본 것을 말해주러 와도 좋구~

미연: 네, 알겠어요.

상담자: 지금 미연이 기분이 어떤지 말해줄 수 있니?

미연: 좋아요. 내일은 친구들과 잘 지내볼게요.

상담자: 그래, 나도 좋구나. 오늘 수고했어.

(※ 위 기록에는 기입하지 않았으나 미연이와의 상담 중에 '미연이 부모의 문제, 가정의 문제'가 있고, 이러한 형편이 미연이의 학교생활에도 크게 영향이 있으며, 이를 미연이 나름대로 요령껏 위태롭게 극복해나가고 있는 모습이 보여 미연이와의 상담은 계속되어야 하고 지원되어야 한다고 판단하고 있음.)

### 💬 마스터 약축 코칭

국내에서 타로 교육 및 상담 기본 카드로 사용되는 유니버셜웨이트 타로카드와 컬러타로카드를 병행하여 1회성이 아닌 2회기로 진행한 좋은 사례이다. 특히, 주카드외 보조카드의 시용을 통해 고급 커뮤니케이션을 진행하며, 내담자의 내면의 정보를 파악하고, 활용한 훌륭한 상담 사례이다. 상담자가 말을 많이 한다고 전문가는 아니다. 타로상담 전문가라면, 상담자의 많은 설명보다 오히려 내담자의 마음을 파악하는 말이 더 중요하다는 사실을 알고 있어야 한다. 현재는 타로상담 전문가이신 우수옥 교장선생님께서 수년 전 타로 상담을 처음 공부하실 때 하신 말씀이 생각난다. "타로 상담을 공부하여, 학교 교육 현장의 학생들과 선생들을 위해 사용하고 싶어요." 타로상담 전문가가 되기 위해, 많은 시간 노력하신 결과가 타로상담전문가의 실력과 사례를 통해 드러나고 있다.

사례 2

## " 학생 내면의 충족되지 못한 욕구와 관련된 상담 "

본 타로상담 사례는 조혜진 선생님께서 담임 학급 예정 학생을 대상으로 실시한 타로상담 사례이다.
상담일자: 2022년 2월 17일, 상담자: 조혜진(예비 중학교 담임교사), 내담자: 백영수 (가명, 중학교 3학년)

"선생님, 이번에 맡으신 반 학생 중에 돈을 준다고 꼬드겨 후배들의 메신저 아이디를 알아내 정보를 팔아 돈을 챙긴 학생이 있어서 선도위원회를 열 예정입니다."

2월의 어느 날, 개학도 하지 않았는데 학교에서 이런 전화를 받았다. 그 아이는 평소 조금씩 말썽을 피웠다고 들었는데, 개학도 하기 전에 이런 일이 일어나니 당황스럽고 두려운 마음이 들었다. 아직 이 학생과 친하지도 않고 어떤 학생인지도 자세히 모르고 있는데, 선도위원회에서 처음 만남을 가져야 했다. 여러 가지로 복잡한 마음이 들었다.

우선은 학생의 어머님과 통화를 시도했다. 어머님께서는 정말 죄송하다고 말씀하시면서, 그동안 조금씩 속 썩이는 행동을 했어도 이렇게 선도위원회까지 회부되는 일은 처음이라고 하셨다. 어머님과의 통화를 끝내고 학생을 만나서 이야기해보아야겠다는 결심을 했다. 개학을 하진 않았지만, 학교로 학생을 불러 상담을 시도했다. 그러나 처음 만나는 자리에서 나에게 쉽게 자신의 속마음을 이야기하지 않았고, 긴 침묵이 흘렀다.

"혹시 너 타로카드라고 들어봤어?"

"타로카드요? 들어봤죠! 예전 여자친구랑 타로카드 점을 보러 간 적도 있어요"

다행히 학생은 타로카드에 흥미를 보였고 침묵은 깨졌다.

"타로카드를 가지고 상담을 해봐도 괜찮을까? 타로카드에 너의 고민을 물어봐도 괜찮아."

"재미있을 것 같긴 한데요, 저 지금 혼나야 되는거 아니에요?"

학생은 혼나러 왔는데 타로카드로 상담을 해 준다고 하니 의아해했다. 나는 학생과 가까워질 기회라는 생각이 들어 속으로 웃음이 나왔다.

"선생님은 네가 어떤 상황에서 그 행동을 했는지 그리고 네가 어떤 마음인지가 궁금해. 선생님은 네가 벌 받고 혼나는 것에 관심이 있는 게 아니라 네가 그 행동을 왜 했는지 그리고 어떻게 해야 앞으로는 그런 행동을 하지 않을지에 더 관심이 있어. 어때? 타로카드에 한번 물어볼까?"

"그런 걸 물어볼 수 있어요? …저 물어보고 싶은 게 있어요."

난 속으로 생각했다. '드디어 마음의 문을 조금 열었구나!'

"선생님 저는 언제 큰돈을 벌 수 있을까요?"

'응? 돈이라고? 선도위원회 결과가 궁금한 게 아니라?' 의아했지만, 현재 아이의 마음속 가장 큰 고민이 바로 '돈'이라는 것을 알 수 있었다.

"넌 지금 큰돈을 벌고 싶은 마음이 있구나? 선생님이 유니버셜웨이트 타로카드를 사용해서 네 질문에 답해주려고 하는데, 질문이 구체적일수록 구체적인 답변이 나와. 그리고 타로카드는 3~6개월 정도까지의 일들을 말해주기 때문에 먼 미래까진 알기 힘들어. 혹시 지금 당장 큰돈이 필요하니? 얼마만큼의 돈이 있었으면 하는 거야?"

"저랑 같이 노는 친구들은 씀씀이가 커요. 편의점에서도 언제든 먹고 싶은 걸 사 먹기도 하고 다들 명품 지갑 하나씩은 가지고 있어요. 저도 명품 지갑 살 만큼 돈이 있었으면 좋겠어요. 선생님, 그럼 제가 질문을 이렇게 해볼게요. 제가 6개월 안에 명품 지갑을 살 만큼 돈이 생길까요?"

"음, 좋아. 타로카드에 한번 물어보도록 하자."

나는 천천히 타로카드를 섞으며 학생의 표정을 살펴보았다. 아이는 긴장한 것 같아 보였고 마른침을 꿀꺽 삼키는 것이 왠지 모를 간절함마저 보였다. 나는 질문을 듣고 3장의 카드를 뽑았다.

"힘 카드, 소드 7번 카드, 타워 카드가 나왔네. 결론부터 말하자면, 명품 지갑을 살 만큼의 돈은 생기지 않을 것 같아."

"네? 정말요? 왜요? 저 돈 나올 곳이 있긴 한데… 그만큼 안 벌리나요?"

"우선 첫 번째 카드는 힘 카드라고 부르는 메이저 카드의 하나야. 메이저 카드는 너의 인생에서 중요한 일에 나오는 카드지. 그리고 탑 카드도 메이저 카드라 3장 중에 2가지나 메이저 카드가 나왔으니 네가 한 그 질문은 네 인생에서 꽤나 중요하게 작용할 수도 있는 질문일 수도 있어. 어떤 선택을 하느냐에 따라서 네 인생에 큰 영향을 줄 수 있을 것 같아."

"흠… 그런가요?"

아이의 얼굴에 잠시 어둠이 드리워졌다. 나는 말을 이어갔다.

"선생님은 이 3장의 카드를 과거, 현재, 미래로 보고 뽑았어. 첫 번째 카드는 과거의 상황을 말해주고 있어. 과거에 네가 힘든 상황이었지만 네 내면에는 그 힘든 일을 잘 헤쳐나갈 수 있는 지혜를 가지고 있다는 거야."

"하하, 제가 좀 지혜롭긴 하죠!"

"그렇지만 중간에 카드를 보니, 선택을 제대로 하지 못한 것 같아. 소드 7번 카드를 보니 어떤 기분이 드니?"

"저 사람이 기분 좋게 칼을 들고 가는데, 칼 손잡이가 아니라… 칼의 날카로운 부분을 잡고 있네요, 저러다가 손을 다칠 것 같은데요?"

"잘 보았네! 저 사람은 잘못된 정보로 널 다치게 하는 선택을 했다는 카드야. 넌 돈을 벌기 위해서 네 손을 벨 정도로 위험한 선택을 한 거지."

"아… 그런가요?"

"그리고 세 번째 카드는 이 일로 인한 미래를 보여주는데, 타워 카드가 나왔어. 그릇된 욕심이나 외부의 상황 때문에 공들여 쌓은 탑들이 무너질 수 있다는 것을 보여주는 카드야. 그래서 사실 결론적으로 명품 지갑을 살 만한 돈은 네 잘못된 선택으로 인해 네 손을 베어버리고 공들여 쌓은 탑까지 무너뜨릴 수 있다고 볼 수 있어."

"……."

아이는 한동안 말이 없었다.

"첫 번째 카드를 보니 너에겐 어려운 상황도 잘 극복할 수 있는 힘과 지혜가 있어. 내면의 힘이 있다는 거야. 그런데 잘못된 선택은 무엇을 뜻하는 것인지 생각나는 것이 있니?"

"아무래도, 지금 선도위원회에 올라가는 그 사건을 말하는 것 같아요. 사실은 잘 아는 성인인 형이 아이디 하나씩 알아오면, 아이디당 만 원씩 준다고 했거든요. 그런데 저도 아이디를 알려주면 5,000원씩 떼어주려고 했어요. 그래도 저 양심적이지 않아요? 제 몫의 반이나 주려고 했는데요!"

학생과 이야기를 하다 보니 돈에 대한 감정이나 마음이 풀리지 않는다면, 또다시 이런 일에 손을 대지 않을까 하는 생각이 들었다.

"들어보니 그 형도 잘못이 있구나. 너에게 잘못된 일을 시킨 거잖아. 그런데 넌 왜 그런 큰돈이 필요한 거니? 명품 지갑은 왜 필요한 거야?"

"있어 보이잖아요! 없어 보이는 게 제일 싫어요!"

"있어 보인다고? 그럼 넌 그동안 네가 없어 보인다고 생각했어? 선생님이 알기로는 넌 공부를 꽤 잘한다던데?"

"맞아요, 선생님. 저 공부 잘해요. 그런데 공부로 돈을 벌기에는 시간이 너무 오래 걸리잖아요. 전 당장 돈이 필요하거든요."

"그게 명품 지갑을 사야 하는 돈인 거니?"

"네, 그런데 이번 일로 다 틀려 먹었죠."

"아직 너에게는 기회가 있어. 지금의 선택은 틀렸고, 그 선택으로 너의 계획은 무너지겠지만, 첫 번째 카드에서 보았듯이 넌 내면의 지혜가 있는 아이야. 너에게 도움이 되는 선택을 할 수 있는 사람이란 뜻이지."

학생은 진지한 눈빛으로 날 쳐다보았다.

"선생님, 전 혼날 줄만 알고 왔었는데 그렇게 말씀해주셔서 감사해요."

"물론, 네가 잘못한 부분에 대해서는 반성하고 벌도 받아야 하겠지만, 그렇게 하는 것이 선생님의 최종 목적은 아니야. 선생님은 네가 올바른 선택을 하고 그 선택을 통해서 네 인생을 행복하게 살아나갔으면 해. 그런데 카드가 너에게 그런 힘이 있다고 알려주고 있잖아. 선생님은 카드가 보여준 대로 말해준 것 뿐이야. 그럼, 네 성격카드를 한번 계산해볼까?"

"성격카드요?"

"응, 네 생년월일을 가지고 성격카드를 계산할 수 있어. 그걸로 너에 대해 좀 더 잘 알 수 있지. 성격 카드 계산법을 알려줄게. 먼저 양력 생일의 각 자리 숫자를 모두 더하고, 이렇게 나온 4자리 숫자를 다시 더해서 나온 숫자를 알려줘."

"계산해볼게요. 음… 4번이에요!"

"4번이면, 황제 카드구나. 바로 이 카드야!"

"황제요? 왕이란 말이에요?"

"응, 맞아. 기분이 좋은가 봐?"

"그럼요 선생님, 거지보단 왕이 좋죠!"

"이 카드를 보니 어떤 생각이 드니?"

"강해 보이네요. 그런데 눈빛은 좀 불안해 보여요."

"관찰력이 좋구나. 이 카드는 권위, 리더십, 강한 의지를 나타내는 카드야. 위엄 있고 권위가 있는 사람이지. 큰 야망도 있어서 왕좌를 차지했어. 너도 높은 자리에 올라갈 수 있는 능력이 있다고 볼 수 있어."

"그래요? 저에게 그런 능력이 있을까요?"

"그럼, 이 카드가 말해주고 있잖아. 그렇지만, 남의 조언이나 말을 잘 듣지 않고 자신의 고집이 너무 강해서 외로울 수 있어. 이 사람은 강한 의지로 원하는 것을 쟁취할 수 있는 사람이야. 그런데 넌 왜 돈이 많이 있었으면 좋겠어?"

"그야, 돈이 많으면 다른 사람들이 부러워하잖아요."

"네가 어디에 쓰고 싶은 마음보다 다른 사람들에게 인정받고 싶은 마음이 크다는 말이니?"

"지금 생각해보니까 명품을 사고 싶은 것도 사는 게 목적이라기보다는 친구들이 절 부러워했으면 하는 마음이 큰 것 같아요."

"다른 사람들이 부러워하는 게 꼭 돈만 있는 것은 아니라고 생각해. 넌 똑똑한 머리, 지혜, 강인한 의지도 가진 사람이야."

"헤헤… 그런가요?"

"그럼, 이 카드가 이야기해주고 있잖아. 그런데 단 한 번이라고 하더라도 잘못된 선택이 네 앞길을 막을 수도 있지. 지금은 당장의 이익이 크게 느껴지겠지만, 선생님은 네가 멀리 보는 눈을 가졌으면 해. 당장은 주변 친구들이 가진 돈이 부러울 수 있겠지만, 미래에는 네가 가장 높은 지위와 직책을 가질 수도 있어."

"선생님, 오늘 상담 정말 감사드려요. 저에 대해 다시 생각해보는 기회였던 것 같아요. 전 오늘 혼날 줄만 알았는데 이렇게 말씀해주실 줄 몰랐어요. 감사합니다."

"그래, 우리 앞으로도 자주 만나서 이렇게 이야기 나누자."

이 학생은 선도위원회에서 처분을 받았다. 그러나 나와의 관계는 더욱 돈독해졌다. 타로카드가 아니었다면, 이런 관계를 만들지 못했을 것이다. 타로카드를 만나서 학생들의 이야기를 잘 들어주고 학생들을 더 잘 도울 수 있는 사람이 된 것에 감사한다. 앞으로 더욱 열심히 타로카드를 공부해서 다른 선생님들께도 이러한 노하우를 전수해주고 싶다.

## 🗨 마스터 약축 코칭

학교 현장에서 학생, 특히 문제 상황에서의 학생은 쉽게 마음을 열고 교사와 마음을 마주하기를 거부하는 경우가 많다. 조혜진 선생님께서는 이런 문제 상황에 있는 학생의 마음을 타로상담 전문가적 스킬을 발휘하며, 학생 스스로 마음의 문을 열게 하고 미래를 향한 방향의 전환을 이끌었다. 원래의 학생 내면은 변함이 없다. 단지, 어떻게 학생에게 다가가는가의 노하우가 학생의 마음속에 있던 에너지를 방출할 수 있게 할 수도 있고, 영원히 밖으로 나오지 못하게 할 수도 있다는 것을 타로상담 전문가라면 늘 염두하고 상담에 임해야 할 것이다. 조혜진 선생님께서는 장소와 시간에 구분 없이 열심히 공부하셨고, 학생들을 친자녀처럼 진심 어린 사랑으로 대하시는 분이다. 그 결과 전문가적인 타로 실력을 갖추신 훌륭한 교사가 되셨고, 앞으로 강의, 상담 등 타로상담 전문 활동이 크게 기대되는 분이다.

## " 속상한 학생의 마음을 들여다본 상담 "

본 타로상담의 사례는 장선순 선생님께서 중학생 1학년 학생을 대상으로 실시한 타로상담 사례이다.
상담일자: 2023년 3월 30일, 상담자: 장선순(중학교 진로상담교사), 내담자: 이은정(가명, 중학생 1학년)

우리 동아리 활동을 열심히 한다고 참여한 학생의 상담 이야기이다. 초등학교를 마치고 가슴 뿌듯함과 설레임으로 입학한 중학교 1학년 새내기들~~ 학교 가는 것도 긴장 그 자체인 3월. 초등학교와는 전혀 다른 세계인 중학교에 들어가게 된 은정이와 친구들은 처음에는 어리둥절하지만, 시행착오를 거쳐 가며 학교생활에 조금씩 적응해가는 과정에서 초등학교의 친한 친구는 정말 중학교 초기에는 뗄 수 없는 관계일 것이다.

이 상담은 초등학교 때부터 친한 친구가 중학교에서도 같은 반이 되어 너무 좋고 정말 신나게 중학교 생활을 할 수 있을 것 같은데, 그 친구와 3월에 장난을 치다가 심하게 싸운 학생이 요청했다. 싸우고 나니 계속 마음이 안 좋고 앞으로 그 친구와 관계가 어떻게 될지 궁금하고 마음이 우울하다고 하여 실시한 상담이다.

월요일마다 동아리 활동을 하기 위해 진로활동실에 모이는데 그날은 조금 일찍 한 학생이 진로활동실에 왔다. 은정이는 시무룩해하며 선생님과 상담을 하고 싶다고 요청하였다. 본인은 정말 심각하고 세상 다 잃은 표정이었지만 생활하다 보면 친구와 싸울 수도 있는 상황인데 그 친구와의 관계가 회복되지 않을까 봐 많이 걱정하고 있는 표정이었다. 은정이의 구체적인 이야기를 듣고 카드로 상담을 시작했다.

"은정아! 그럼 선생님이 카드로 상담해줘도 괜찮을까? 다양한 카드가 있는데 유니버셜웨이트 타로카드로 너의 고민을 한번 풀어 보도록 하자."

은정이는 "예! 한번 해 볼께요~"라고 대답했다.

"은정아, 유니버셜웨이트 타로카드는 3~6개월 정도까지의 흐름을 살펴볼 수 있는데, 앞으로의 관계를 한 번 보면 어떨까?"

"선생님, 저는 예전부터 이런 타로상담을 해 보고 싶었어요"

타로카드를 섞으며 학생의 표정도 살피고 질문도 다시 한번 되풀이하면서 3장의 카드를 뽑았다.

"19번 태양 카드, 14번 절제 카드, 15번 악마 카드가 나왔네. 은정아! 카드를 한번 풀어보도록 하자. 은정이가 보았을 때 첫 번째 카드에서 어떤 느낌을 받을까?"

"태양이 있고 아직 어린아이지만 왠지 당당한 것 같아요."

"맞아, 과거에는 친구와의 관계에서 정말 좋은 관계로 무슨 일이든 열심히 하고 둘의 관계는 존재만으로도 빛이 나는 관계였네. 서로에게 선한 영향력을 미치는 친구와 너의 관계이었구나."

"예, 정말 친했어요. 그러다 보니 더 상처가 깊어서 많이 울었어요."

"은정이와 친구는 같은 초등학교를 졸업하고 같은 중학교에 올라와서 돈독함이 더 커졌구나. 하지만 친한 사이일수록 장난을 조절했어야 했는데 어느 하나가 시작한 장난을 서로 조절하지 못해 결국 상처를 입히고 말았네? 너무 친한 사이면 더 상처가 클 수가 있지.”

"예, 맞아요. 선생님, 제가 그 친구에게 얼마나 잘해줬는지 몰라요. 그런데 그 친구와 이런 사이가 되니 많이 속상해요.”

"그래, 많이 속상했겠구나. 다음 카드를 보니 은정이 마음이 어때?”

"네, 일단 천사가 나와서 너무 좋고 물이 나와서 시원해 보여요.”

"그렇구나. 이 카드의 자리를 현재 상황 자리라고 하는데 14번 절제 카드가 나왔네. 사실은 은정이는 지금도 갈등을 싫어해서 누구와도 잘 지내려고 하고 다툼이 있을 때 중재와 화해로 잘 이끄는 친구야. 하지만 막상 나의 다툼에서는 중재를 힘들어하는구나.”

"예, 맞아요. 저는 사실 싸워서 말을 안 하고 이러는 것을 싫어해서 친구와도 잘 지내고 싶어요.”

"그래! 그럼 은정이가 친구에게 먼저 말을 걸어보면 어떨까? 선생님이 보기에는 그 친구는 은정이가 내미는 화해의 손길을 뿌리치지 못할 것 같아. 우선 친구의 마음에 귀를 기울인 다음, 은정이의 마음을 다시 들여다보는 시간을 가지면 좋을 것 같은데?”

"예, 선생님! 저도 그렇게 생각해요. 선생님의 이야기를 듣고 보니 친구에게 제가 먼저 이야기해봐야겠다는 마음이 드네요.”

"그래, 잘 생각했어. 그러면 잘 풀릴 것 같지?”

"예, 선생님, 그렇게 해볼게요.”

"그럼 이제 다음 카드를 보자. 미래 상황에 15번 악마 카드가 나왔네. 은정이가 보았을 때 이 카드 느낌은 어떠니?”

"조금 안 좋은 것 같은데요.”

"아! 그렇게 느껴지는구나. 그런데, 이 카드는 안 좋다고만 볼 수는 없어.

지나친 집착을 하고 질투가 심하면 이렇게 되는 것인데 이제 욕심에서 벗어나야 한다는 것이야. 은정이가 친구에게 너무 의지하는 것보다는 서로 중립적인 관계에서 친구를 사귀었으면 좋을 것 같네."

"예, 제가 친구를 너무 믿고 의지했던 것 같아요. 이제 제 마음도 친구에게 많이 전해야겠어요."

"그래, 선생님도 그렇게 해보는 것이 좋을 것 같구나. 과거에 나온 태양 카드도 그렇고 현재에 나온 절제 카드도 그렇고, 미래에 나온 15번 악마 카드도 모두가 메이저 카드가 나왔네. 메이저 카드는 너의 인생에서 중요한 일에 나오는 카드야. 메이저 카드가 3개가 나왔으니 은정이가 마음의 결정을 해야 하고 은정이가 추진하면 잘 해결될 것 같아. 너의 잘못도 한 번 더 생각해보고 친구와의 사이를 한 번 더 집중해서 생각해본다면 친구에게 사과하고 싶은 용기도 생길 것 같아. 은정이 생각은 어떠니?"

"예, 선생님. 저도 그런 생각이 드네요. 제가 너무 친구에게 상처를 받아서 친구에게 너무 냉정하게 한 것 같네요. 제가 먼저 친구에게 말을 걸어 보겠습니다. 선생님, 좋은 상담해주셔서 감사합니다."

그렇게 이번 상담을 마무리하였다. 타로 상담 이후 은정이에게 소감을 물었다. 은정이는 친구에게 사과 할 수 있을 것 같다고 말하고 친구 때문에 스트레스를 받았었는데 앞으로는 나의 잘못도 생각하며 친구에게 먼저 사과하고 싶다고 말했다. 말로 차마 하지 못했던 속내가 타로를 통해 나오니 은정이는 신기해 하기도 하고 자기 마음을 알아주니 왠지 모르게 용기가 났다고 말했다. 상담을 마친 후, 힘들거나 고민이 생기면 언제든 선생님께 얘기를 하라는 말로서 용기를 주었다. 은정이는 자신의 마음을 알아주고 깊은 이야기를 해주셔서 감사하다고 전하면서 동아리 활동도 열심히 할 거라고 이야기했다. 그 이후로 은정이와의 관계는 더욱 돈독해졌다. 타로 카로를 가지고 학생들과 상담해보는 좋은 기회가 생겨서 나도 뿌듯했다.

유니버셜웨이트, 컬러타로카드, 마르세유타로카드, 심볼론카드, 오쇼젠 카드 등 다양한 카드로 상담을 배우고 학생들에게 접목할 수 있어서 너무 좋고 트레이너로 활동 할 수 있어서 너무 뿌듯합니다. 누구나 세월만으로 늙어가지 않고 이상을 잃어버릴 때 늙어간다는 말처럼 이상을 잃어버리지 않고 항상 청춘으로 살아가고 싶다.

## ⬚ 마스터 약축 코칭

타로상담 전문가라면 내담자의 상황에 맞는, 상담에 최고의 효율성을 가져올 수 있는 다양한 타로카드의 사용법을 능숙히 파악하고 적절히 잘 사용할 수 있어야 한다. 또한, 타로상담에서는 타로상담 전문가의 주도보다 학생이 적극적으로 상담에 참여하며 내면을 파악하고 이해하는 과정이 중요하다. 즉, 학생이 마음을 열고 많은 내면을 보여주는 과정이 필요하다. 본 상담은 선생님의 주도보다는 학생 스스로 내면을 파악하며, 이해해나가는 과정이 잘 드러난 전문 타로상담이다. 장선순 선생님께서는 학생상담에서 큰 틀을 파악하고, 그에 적합한 타로카드를 사용하여 능숙히 상담을 진행하시는 타로상담 전문가이다. 장선순 선생님께서는 35년의 교육 경력이 보여주듯 탁월한 교사로서의 스킬과 전문가적인 타로상담의 능력을 발휘하시며, 충북 지역 진로 진학 상담교사들께 많은 전문 연수를 진행하시는 훌륭한 분이다.

**사례 4** - - - - - - - - - - - - - - - - - - - - - - - - - - - - - - - - - - - - - - - - - - - - - -

## " 친구와의 관계가 궁금해요 "

본 타로상담 사례는 김은미 선생님께서 초등학생 6학년 학생을 대상으로 심볼론 카드를 사용하여 실시한 타로상담 사례이다.
상담일자: 2023년 3월 31일, 상담자: 김은미(초등학교 담임교사), 내담자: 김지우(가명, 초등학교 6학년)

지우는 우리 반 여학생 중에 제일 활발한 여학생이다. 작년 담임으로부터 친구와의 문제가 생겨서 힘들었다는 이야기를 들었던지라 꽤 신경을 쓰고 있던 참이었다. 동아리를 모집할 때 타로 상담 동아리를 따로 만들었다. 지우가 상담동아리에 지원을 했고 때마침 방과 후에 시간이 난다고 해서 타로 상담을 권했다.

　"지우야, 선생님이랑 타로 상담해볼까?"

　"네, 안 그래도 궁금한 게 있었어요."

　"그래? 뭐가 제일 궁금했어?"

　"친구 관계요. 작년에 제 뒷담을 해서 저랑 멀어진 친구가 있거든요. 그 친구와의 관계가 어떻게 될지 궁금해요."

　"그 친구랑 지금은 어떤데?"

　"지금은 같은 반도 아니고 해서 좀 서먹해요."

　"그럼 그 친구가 지우 뒷담을 한 거야?"

　"사실 다른 친구가 제 뒷담을 했는데 그 친구가 저랑 친했는데 다른 친구 이야기만 듣고 제 뒷담을 인터넷에 올려서요."

　"에구… 네가 상처가 컸겠다."

　"……."

　"지금도 그 친구가 신경이 쓰이는 걸 보면 그 친구에 대한 지우의 마음이 아직 남아 있나 보네. 그럼 타로로 한번 볼게."

핵심 문제
❺

다가올 문제
❹

1~3개월
❻

현재 상황
❸

4~6개월
❼

나
❶

너
❷

"첫 번째 카드부터 한번 볼게. 이 카드는 지우 너를 의미해, 어때 보여?"

"음.. 뭔가를 이어주고 알려주는 느낌이에요."

"이 카드는 설교자 카드야. 다른 이들에게 지식을 전파하고, 사명감 있고 능력이 있고 학문에 대한 열의도 있는 카드지. 딱 지우 너 같은데?"

"어... 네"

자신의 칭찬이 부끄럽지만 기분 좋은 듯 미소 지었다.

"두 번째 카드는 친구를 나타내는 카드야 어때 보여?"

"두 사람이 어디로 가는 거 같은데요"

"너는 어디 있는 거 같니?"

"이 두 사람은 아닌 거 같아요."

"그래? 이 두 사람이 누구로 보여."

"친구랑, 제 뒷담화를 했다는 친구요."

"그럼 이 카드에 너는 어디 있을 것 같아?"

망설이다가 신전을 가리키며 말을 이었다.

"저는 여기 있을 것 같아요."

"그래?"

"이 두 사람이 가는 길에 결국은 만날 것 같아요."

"세 사람이 결국 만나게 될 것 같긴 한가 보다. 이 카드는 심볼론이라고 해. 좋은 관계를 의미하는 카드이기도 하지. 지우가 뭔가 두 사람이 잘 지내라고 일단 그 친구는 좋은 관계 안에서 잘 지내는 것처럼 보이는구나. 하지만 너를 나타낸 설교자 카드와 나란히 놓고 보니 어때?"

"음... 제가 이어주고 있는 것처럼 보여요."

"그래. 선생님이 보기에도 지우 네가 두 사람 잘 지내라고 멋지게 보내주

는 것 같이 보이긴 해. 그럼 세 번째 카드를 볼까? 어때 보여?"

"제가 뭔가 보살피는 것처럼 보여요."

"이 카드는 어머니 카드야. 현재 너의 상황을 나타내는 카드야. 네가 그 친구가 신경이 쓰이나 봐. 마음이 가고."

"네… 그런 거 같아요."

"그럼 다음 카드는 이 카드야. 다가올 문제로 이 카드가 나왔네."

"왠지 좋아 보이지 않네요."

"그래. 이 사람은 문제를 일으키는 사람이야. 골칫덩이라는 카드지. 지우와 친구와의 관계에서 문제가 일어날지도 모르겠어. 그 사람 다음으로 핵심을 나타내는 건 이 카드야. 헛수고라는 카드란다. 어때 보여?"

"괜한 신경 쓰지 말라는 거 같아요."

"그래. 그럼 이 사람이 칼을 뽑을 수 있을 거 같아?"

"아뇨. 못 뽑을 거 같아요."

"왜. 결국 애쓰다 보면 뽑을지도 모르잖아."

"못 뽑을 거 같아요."

"이 카드가 왜 핵심으로 뽑힌 것 같아?"

"헛수고라는 걸 알려주는 것 같아요."

"그래 선생님이 보기에 그 친구와의 관계에서 결국 네가 마음먹기에 달린 것 같이 보여. 네가 그 친구와의 관계에 에너지를 쓰기보다 좀 더 자유로워져도 될 것 같아."

"그럼 어떻게 될지 카드를 볼까? 이 카드는 가까운 미래를 나타낸 거야 지금부터 3개월 정도. 이 카드 보니 어때?"

"뭔가 흘려보내는 거 같아요."

"그래?"

"그 친구와의 관계에서 흘려서 버리라는 것으로 보여요."

"이 카드는 천사 카드야. 나쁘게 보면 모든 것을 흘려버리고 환영으로 만들어버리는 카드이기도 하고 긍정적으로 보면 지혜라는 의미도 있고, 결국 나의 내면을 보라는 의미인 거 같은데. 이미 지우는 이 카드 보면서 마음이 좀 정리가 되나 본데?"

"네. 그냥 그 친구 너무 신경 안 써야겠어요."

"그래. 그럼 다음 카드도 볼까? 어떻게 보여?"

"그 친구들이랑 제 모습 같아요."

"너는 어디 있는 거 같아?"

"저는 여기 이 뒤에요."

손을 잡고 있는 두 사람이 아니라 뒤에 서 있는 천사를 가리켰다.

"그래? 여기 손잡고 있는 사람은 그 친구들인 거네? 그럼 너는 뭐 하고 있는 거 같아?"

"그냥 두 사람 이어주고 저는 그냥 마음 편하게 지내는 거 같아요."

"속상하지 않을까?"

"이상하게 마음이 더 편해졌어요. 마음 정리가 되는 거 같아요. 그냥 이제 그 친구 신경 안 쓸래요."

"그래? 선생님 정말 놀랐어. 지우가 그래도 그 친구가 신경이 쓰일 만큼 아직도 그 친구와의 관계 궁금해하는 거 같았는데. 카드 하나하나 보면서 자신의 마음을 정리하고 편안함을 선택한 거 같아서. 이 카드는 침묵이라는 카드거든. 서로 침묵하라는 의미도 있지만 서로 무관심을 나타내기도 해. 지우가 그 친구들과의 관계에서 자유로워 질 거 같은데? 그 친구들이 뭘 하든 신경 안 쓰고 말이야.”

내 말에 지우가 빙그레 웃었다.

“이 카드가 너라고 했지? 이 카드는 별자리가 나와 있는데 여기 보여? 이 기호가 사수자리를 나타내. 사수자리는 밝고 활동적이고 공부에 대한 열의도 많단다. 자기 표현도 잘하고 말이야. 너는 그만큼 능력이 있는 사람이야. 마음의 힘이 있는 사람이지. 물론 고집이 조금 센 편이라고는 하더라.”

마지막 말은 작은 목소리로 살짝 말하자 지우가 끄덕이며 쑥스러운 듯이 웃었다. 지우는 활발하고 밝은 성격으로 반을 이끌어 가면서 가끔은 고집을 부려 친구들과 트러블이 생기기도 하는 편이었다.

“지금 기분은 좀 어떠니?”

“편안해요. 제가 친구 신경 안 쓰고 그냥 흘려버리고 제 마음 가는 대로 지내면 될 것 같아요.”

“그래. 지우 너 스스로 해답을 잘 찾아 나가는 모습인 거 같아. 친구 관계가 너희에게 굉장히 중요하다는 거 알아. 그 안에서 네가 속상한 일도 있었지만 그런데도 그 친구에게 마음을 쓰는 지우 너의 마음이 참 선하게 느껴졌어. 하지만 그러면서 또 이제는 그 친구와의 관계에 연연하기보다 정리하고 앞으로 더 나아가려는 모습으로 보여서 역시 우리 지우가 힘이 있고 네 삶을 제대로 살아가겠다 싶어서 안심이 팍팍 되는걸?”

“감사합니다.”

“언제든 지우가 상담하고 싶으면 선생님이랑 또 이야기하자.”

“네. 오늘 감사했어요.”

상담이 끝나고 지우는 미소와 함께 인사를 건넸다. 카드 없이 지우와 이야기로만 상담을 했다면 스스로가 지금의 이런 결심을 할 수 있었을까? 지우는 친구와의 관계에서 미련이 남아 더 나아가지 못하고 있었다. 그런 지우가 카드를 보고 스스로 벗어나야 함을 깨닫고 앞으로 한 걸음 나아가는 계기를 제공한 타로카드의 힘에 다시금 감탄하게 되었다. 앞으로 또 다른 상담에서 아이들 스스로 자신이 가야 할 길을 깨달을 수 있도록, 스스로 답을 찾을 수 있도록 도와줄 수 있기를 바라본다.

## 📋 마스터 약축 코칭

위 사례는 심볼론 카드를 사용하여, 내담자의 내면의 정보를 파악하고, 문제를 해결해 나간 훌륭한 사례이다. 특히, 심볼론 카드는 다른 타로카드보다 내담자의 내면을 파악하고, 문제를 해결하기 탁월한 카드로, 김은미 선생님께서는 학생 상담의 큰 목표를 설정하고, 전문가적인 스킬을 발휘했다. 학생들은 보통 자신의 내면을 상담자에게 보이기 싫어한다. 이런 상황에서 상담이 효율적으로 이루어지기는 쉽지 않다. 타로카드는 이와 같은 상황에서 내담자의 내면을 자발적으로 드러내 치유 받을 수 있도록 해주는 도구이다. 물론, 타로상담 전문가가 타로카드를 어떻게 활용하는지가 관건이다. 김은미 선생님께서는 아주 오래전부터 마음 관련 공부를 해오고 있었고, 전국 최면 상담 교사연구회 멘토-멘티 활동을 진행하고 있는 마음 관련 전문가로 유니버셜웨이트, 컬러 타로카드 이외에 마르세이유, 심볼론 타로카드 등 다양한 타로카드에 전문성을 발휘하시며 활동을 하고 있으며 만다라 명상 & 만다라 타로카드까지 전문활동 영역을 계획하고 있는 타로상담 전문가이기도 하다. 부산 지역에서 타로 상담전문가, 마음 관련 전문가로 많은 훌륭한 후진을 양성하며, 최고 전문가로 확고히 자리매김하길 기원한다.

## " 친구들과 잘 지낼 수 있을까요? "

본 타로상담 사례는 서의환 선생님께서 청소년 일시 쉼터를 이용한 학생을 대상으로 실시한 타로상담 사례이다.
상담일자: 2023년 3월 20일, 상담자: 서의환(타로상담전문가), 내담자: 이수빈(가명, 중학교 2학년)

2월 중순, 지역 청소년 일시 쉼터에 마음 둘 곳 없는 아이들을 위해 타로상담을 연계해보면 어떻겠냐는 제안을 했다. 다행히 긍정적인 답변이 돌아왔고 3월 20일, 청소년 대상 타로상담 캠페인이 열렸다. 엄마 손을 꼭 잡고 걸어온 초등 2학년 아이의 시험 불안부터 선생님에게 호감을 느낀다는 성숙한 중학생, 학원 스케줄이 가득 찬 5학년 손주가 걱정된다는 할머니 등 다양한 고민과 만났다. 내면의 근본적인 문제를 해결하기에는 주어진 시간이 부족했지만, 전보다 한결 후련해진 얼굴로 자리에서 일어난 것만으로 소기의 목적은 달성했다고 생각한다. 아래는 진행된 타로상담 캠페인의 일부 사례이다.

저 멀리 중학생 무리가 이쪽을 힐끔힐끔 보며 서성였다. 얼마 후 그중 한 아이가 고민이 있다며 다가와 무거운 얼굴로 자리에 앉았다.

"안녕하세요, 반가워요. 혹시 친구는 타로상담이 처음일까요?"

"아니요. 친구들이랑 가끔 보러 가요."

"그랬군요. 잘 맞던가요?"

"음, 맞을 때도 있고… 잘 안 맞을 때도 있고요?"

장난스러운 말투로 되묻자 아이가 그렇다고 웃으며 대답했다.

"타로카드는 다가올 미래를 보여주지만, 변하지 않는 미래를 보여주는 건 아니에요. 그러니까 좋지 않은 결과가 나오더라도 너무 연연하지는 않

앞으면 좋겠어요. 친구가 노력하면 충분히 바꿀 수 있으니까요. 알겠죠?"

"네, 알겠어요."

아이 얼굴의 긴장감이 조금 엷어졌다.

"친구는 무엇이 궁금해서 왔을까요?"

고개를 떨구고 한동안 생각에 잠기더니 곧 입을 열었다.

"음… 지금 친구들과의 흐름이 궁금해요."

"좋아요. 요즘 친구들과 사이는 어때요?"

"……."

"사이가 좋지 않을까요?"

"…아니요."

"아, 그러면 좋지도 않고, 나쁘지도 않나 보네요."

"맞아요."

묻는 말에 쉽게 대답하지 못하는 아이를 보며, 관계 형성이 잘 되고 있지 않음을 느꼈다. 처음부터 타로상담에 호기심과 적극성을 보이던 이전의 아이들과는 다르게 다소 방어적인 자세였다. 더 이상 긴말 않고, 타로카드를 펼쳐야겠다고 생각했다.

"좋아요. 그럼, 빨리 타로를 볼까요?"

타로카드를 들고 웃으며 말하자, 고개를 끄덕이는 아이의 눈에 호기심이 감도는 것을 발견했다. 덱을 셔플하고 스프레드를 한 뒤 물었다.

"친구는 오른손잡이에요, 왼손잡이에요?"

"오른손잡이에요."

"그럼 앞으로 친구들과의 관계 흐름을 생각하며 집중해서 왼손으로 세 장을 뽑아볼까요?"

"어떤 카드들이 나왔는지 볼까요? 혹시, 이 세 장의 카드 중에서 어떤 것이 가장 눈에 들어와요?"

"이거요."

아이는 두 번째 자리, 황제 카드를 집었다.

"오, 그래요? 왜 이 카드가 눈에 들어왔어요?"

"음…"

"잘 모르겠어요?"

"네…"

"좋아요, 그럼 첫 번째 카드부터 차례대로 같이 이야기 나눠보아요. 이 카드는 어떻게 보여요?"

"힘들어 보여요."

"그렇죠? 맞아요. 힘들어 보여요. 머리에 붕대도 매고, 안색도 안 좋아 보이죠. 또, 지팡이를 꼭 껴안고 무언가를 지키고 있는 것처럼 보이네요. 그렇죠?"

"네."

"첫 번째 자리는 현재 상황을 의미하는데요, 요즘 친구들 사이에서 스트레스 받거나 힘든 일 있었나요?

"…조금."

"조금 힘든 일이 있었어요? 무슨 일인지 조금 말해줄 수 있나요?"

"······."

"좋아요. 말하기 힘들면 천천히 말해줘도 괜찮아요. 다음 카드를 볼까요? 처음에 눈에 띄었다는 카드네요. 음, 이 카드는 어때 보여요?"

"무서워요. 강해 보이고."

"무섭고 강해 보여요?"

"네."

"맞아요. 4번 황제 카드는 강한 힘을 지닌 우두머리에요. 조금 딱딱하고 예민해 보이는 느낌도 있죠?"

"네."

"음… 보통 어떤 무리에서든 조금이라도 힘이 더 강한 사람이 있잖아요? 그래서 구성원에게 영향력을 발휘하고요. 혹시 지금 관계에서도 그런 친구가 있나요?"

"네, 있어요."

"있어요?"

"네."

"요즘 친구가 관계에서 힘든 이유가 그 친구와도 관련이 있을까요?"

"네…."

아이가 조심스럽게 끄덕거렸다.

"그랬군요. 황제 카드는 안 좋을 경우 독선적이어서, 주변 사람들을 의식하지 않고 자기 의견만 내세우며 멋대로 행동할 수 있어요. 그런 문제도 있었을까요?"

"네…. 자주 그래요, 걔는."

"자주 그래요? 그럼 주변 친구도 많이 힘들 것 같아요. 그럴 때 본인은 어떻게 해요?"

"그냥 참아요. 괜찮아질 때까지. 다른 애들도 그런 상황에서 아무 말 안 하니까요."

"아… 참는군요. 계속 참다보면 스트레스가 쌓일 것 같은데. 아, 제가 이름을 안 물어봤네요. 이름이 뭐에요?"

"이수빈이요."

"그래요, 수빈이가 그래도 지금까지 이렇게 잘 참고 좋은 관계를 유지하려는 건 그만큼 배려심이 깊고 마음의 힘이 강하기 때문인 것 같아요. 멋지다고 생각해요."

아이가 쑥스러워하며 대답했다.

"아니에요."

"그럼 우리 다음 카드를 볼까요?"

"네, 좋아요."

"미래 자리에 12번 매달린 남자가 나왔네요. 이 카드는 희생이 필요하거나, 더 나은 미래를 위해 자발적으로 인내하는 상황에서 종종 나오는 카드에요. 관계 흐름이 달라지는 데는 시간이 더 필요할 것 같아요. 그런데 저기 남자 머리 뒤에 후광이 보이나요? 수빈이가 마음의 힘이 강한 것처럼 이 카드도 강한 힘과 잠재력을 가진 카드에요. 기다림 이후에는 더 좋은 관계가 펼쳐질 수 있어요."

당장은 상황이 바뀌지 않을 것 같다는 말이 유독 깊게 박혔는지 수빈이의 표정이 울적해졌다.

"음, 그럼 우리 이 상황을 극복하기 위한 조언 카드를 더 뽑아 볼까요? 어떻게 하면 수빈이가 무리에서 좀 더 스트레스를 받지 않고 지낼 수 있을지. 아니면 조금 더 궁금한 게 있나요?"

"있어요. 그 애가 저를 어떻게 생각하는지 궁금해요."

"좋아요. 그럼 그 친구가 수빈이를 어떻게 생각하는지 알아보고, 조언 카드도 뽑아 볼게요."

"네"

"ACE of WANDS가 나왔는데요, 이야기를 나누기 전에 물어보고 싶은 게 있어요. 수빈이는 그 친구가 수빈이를 어떻게 생각하고 있다고 느껴요?"

"음… 안 좋게 생각할 것 같아요. 가끔 서로 장난도 치고 그러는데, 속마음은 잘 모르겠어요."

"그래요? 음, 제 생각에 그 친구는 수빈이를 지금 긍정적으로 생각하고 있는 것 같아요. 이렇게 상담하는 동안에는 조용하고, 수줍어하지만 무리에 있을 때는 또 다른 모습을 보일 거라고 생각하는데 어때요?"

"네(웃음) 맞아요. 달라요."

"그 친구는 수빈이를 보면서, 활발하고 에너지 넘치고, 주변 사람들에게 좋은 영향을 준다고 생각하고 있어요. 그러니까 안 좋게 생각할 거라는 걱정 안 해도 돼요. 자신감을 가져요."

그 말이 기뻤는지, 수빈이는 아, 하고 입을 살짝 벌리며 작은 눈을 동그랗게 떴다. 눈 안을 가득 메운 별들이 부서질 듯이 반짝거렸다.

"다음은 조언 카드를 볼까요? TWO of CUPS가 나왔네요. 음, 혹시 그 친구랑은 무리에서 말고는 따로 만나거나 하지는 않아요?"

"네, 무리에서만 만나요. 따로는 안 만나요."

"둘이 있을 때는 어때요?"

"조금 어색해요."

"어떤 상황일지 조금 예상이 가네요(웃음). 그래도 처음에는 어색하고 어렵겠지만, 친구랑 같이 시간을 보내 봐도 좋을 것 같아요. 수빈이의 마음도 알아주고, 몰랐던 친구의 마음도 이해하는 기회가 될지도 몰라요."

"음, 그럴까요?"

"그럼요, 어쩌면 그 친구는 자신이 친구들에게 부담감을 주고 있다는 사실도 모르고 있을 수 있어요. 조금씩 친해지면서, 나중에 조심스럽게 이야기해봐도 좋을 것 같아요. 오히려 말해줘서 고마워할지도 몰라요."

상담이 끝나고, 수빈이는 한결 후련해진 표정으로 인사하고 친구들에게 돌아갔다. 수빈이가 조언대로 행하면 좋겠지만, 큰 상관은 없겠다고 생각했다. 단시간 상담으로 얻을 수 있는 최선의 결과를 수빈이의 얼굴에서 보았기 때문이다.

### 🗨 마스터 약축 코칭

서의환 선생님은 위 상담 사례를 통해 타로상담이 타로점과 다르다는 것을 안내했다. 이처럼 타로상담전문가라면 타로상담은 미래를 예측하고, 현재부터 미래까지의 과정을 발전적으로 설계한다면, 밝은 미래를 이끌 수 있다는 점을 늘 기본 마인드로 삼아야 한다. 또한, 타로상담을 진행하며, 내담자를 잘 이끄는 상담이 필요하다. 또한, 래포 형성을 위한 방법인 페이싱 & 리딩 등의 방법을 통해 내담자의 마음을 움직이는 전문 스킬도 필요하다. 전문가가 적절히 잘 진행하는 타로상담은 울타리로 둘러싸인 내담자 마음의 문을 열수 있다. 본 상담 사례는 이런 타로 상담의 기본에 충실하며, 전문 스킬을 평범히 그러면서도 자연스럽게 발휘한 좋은 상담이다. 서의환 선생님은 사회복지 관련 일을 하시며, 광주 지역에서 타로상담 전문가 활동을 위해 열심히 노력하고 있는 근면 성실한 노력파이다. 앞으로 타로상담전문가, 만다라 명상 & 만다라 타로카드 전문가로서의 왕성한 전문가 활동을 기대한다.

## "다른 사람을 부러워 않고, 자신감을 회복하고 나의 길을 가기 "

*본 타로상담 사례는 김건숙 선생님께서 상담센터를 운영하며 고등학교 1학년 학생을 대상으로 실시한 타로상담 사례이다.*
*상담일자: 2023년 4월 8일, 상담자: 김건숙(상담센터장), 내담자: 김보라(가명, 고등학교 1학년)*

올해 고등학교에 입학한 보라는 나이에 비해 키가 작고 몸도 작은 편이다. 마치 고등학생이 아닌 중학생처럼 보였다. 처음 만났을 때 보라는 첫인상이 말수가 적고 조심스러운 성향의 아이처럼 보였다. 말을 할 때 소리도 크지 않고 살짝 웃음으로서 호의를 표시하려는 행동을 보였다.

"보라야, 만나서 반가워, 보라는 자신에 대해서 무엇이 궁금할까? 친구관계, 진로 문제, 성격 문제 등 무엇이든 말해 보렴."

보라는 살짝 웃으며, "저는 전부터 남이 뭔가 잘하면 '나는 왜 저렇게 못할까?' 하는 생각이 들어요. 어떤 것이 문제인지 알고 싶고, 이제부터는 다른 사람을 부러워하기보다는 내 목표를 세우고 나만의 길을 찾아가고 싶어요."라고 말했다.

"그렇구나, 보라는 다른 사람이 잘하는 것을 보며 부러워하고, 너 자신과 비교하며 침울한 느낌이 들기도 했겠네. 그럼, 이제 우리 한 번 네가 느끼는 현재 상황과 핵심문제 그리고 어떻게 내 마음과 상황이 흘러갈지에 대해서 카드를 한번 뽑아볼까? 마음속으로 보라가 질문한 내용을 집중하면서 내가 하는 스프레드에 집중해주었으면 해."

보라는 수줍게 살짝 웃으며 스프레드를 하는 것을 지켜보고 다섯 장의 카드를 뽑았다.

"첫 번째 카드를 보니 어떻게 느껴져?"

"승리해서 행진하고 있는 것처럼 보여요."

"그렇구나. 그런데, 방향이 거꾸로 되어 있네. 이렇게 거꾸로 나왔을 때는 의지가 좀 부족하고 자신감이 없거나 실패에 대한 두려움이 있다는 것을 나타내기도 하는데, 보라는 어떻게 생각해?"

"어… 좀 저의 상황과 비슷한 거 같아요. 자신감이 없고, 뒤로 물러서게 돼요. 앞으로 나서지 못하고요."

"이전에 이것과 관련된 어떤 경험이 있어? 편하게 말해주었으면 좋겠네. 당연히 비밀은 보장이 되지."

"중학교 때도 친구들 관계에서 상처를 받은 적이 있어요. 그래서 자꾸 뒤로 물러서게 되는 듯해요."라며 잠시 생각에 머물렀다.

"그런 일이 있었구나. 많이 속상했겠다. 다음 카드를 볼까? 어떤 느낌이 들어?"

"상처와 관련된 카드로 보여요."

"그래, 좀 전에 중학교 때 친구들 관계에서 상처받은 이야기를 했던 것이 기억나네. 고등학교에 들어와서 새로운 친구를 사귀고 함께 생활하는 과정에서 이런 문제가 예전처럼 생기지 않기를 바라지만 우리가 살다 보면 크고 작은 상처를 받는 일이 있을 듯해."

"네, 그럴 거 같아요. 그런데 막상 그런 일이 일어나면 움츠러들어요."

"이번에는 세 번째 카드를 한번 볼까?"

"거꾸로 나왔네요. 먼 곳을 바라보고 있어요."

"그렇게 보이네. 첫 번째, 두 번째 나왔던 카드와도 연결되는 듯해. 보라는 친구들과의 관계에서 부러워하는 마음과 상처받았던 경험 등으로 인해 자신감이 약해지고 목표를 세우고 앞으로 나아가겠다는 용기를 내는 것을 주저하는 듯해. 이러한 마음과 태도가 어쩌면 보라가 갖고 싶은 태도, 즉 다른 사람과 비교하지 않고 자신만의 길을 찾고 나아가는 데 방해가 될 수도 있어."

"그럴 수 있을 거 같아요. 저의 상황이 드러나서 신기하기도 하고, 놀랍기도 해요."

"자신의 상황과 문제를 알아차린다는 것만으로도 많은 부분이 좋아지는 경우가 많아. 모든 문제의 해결은 자신의 현재 상황을 알아차리는 것부터 시작하니까. 가장 중요한 포인트라고 생각해. 그럼 보라의 질문과 관련된 흐름이 어떻게 되는지 살펴볼까?"

"이 카드는 성당을 건축하고 있고, 한 사람이 벽에 뭘 하고 있네. 의논하고 있어요. 재미있는 그림이에요(하하)."

"이 카드는 세 사람이 협력하여 문제를 해결하고 있는 이미지야. 보라도 조만간 마음에 맞는 친구나 사람들을 만나 너의 고민이나 프로젝트를 함께 해결해 나가는 상황이 이어질 듯해. 서로 동등한 관계로서 자신감 있게 프로젝트에 참여하는 거지."

"기분이 좋아요. 웃음이 나요."

"다음 카드를 한 번 볼게, 어떻게 느껴져?"

"기사가 앞을 향해서 막 나아가고 있어요. 힘차고 빠르게 간다는 느낌이에요."

"앞으로 보라는 자신감 있는 태도로 주저하지 않고 용기 있게 생각했던 것을 행동으로 옮길 수 있는 힘이 생길 듯하네. 다만, 너무 성급하지 않게 한 번씩 점검하는 것도 필요할 수 있어."

"아, 그래요?"

"그럼 이제는 앞으로 보라가 자신의 길을 가는 데 도움이 될 만한 방법이 있는지 카드를 한번 뽑아볼까?. 이 카드는 컬러카드인데, 보라의 잠재의식을 좀 더 살펴보기 위해 뽑을 거야."

"컬러 카드라니 신기해요. 보라라는 닉네임도 보라색을 좋아하기 때문에 그렇게 지었어요."

"그렇구나. 닉네임을 보라로 정한 데는 의미가 있었네. 이 카드는 쿠퍼(COPPER)라는 카드인데, 풍요로움, 자원, 변화를 상징하기도 하는 카드야. 보라 주변을 둘러보면 보라를 지지하거나 도와줄 자원 예를 들면, 친구, 선후배, 선생님 등 동기를 부여해줄 자원이 풍부할 듯해. 그리고 보라는 자신감을 가지고 목표를 세우며 당당하게 나아가려는 변화를 추구할 수 있을 듯해 보

여. 벌써 보라에게서 힘찬 에너지와 강한 의지가 느껴지는데."

"그랬으면 좋겠고, 그렇게 시도해볼 수 있는 마음이 조금 생겼어요. 주저하지 않고, 나 자신을 믿고 싶어졌어요. 좋은 시간이었어요."

"그래, 좋은 시간이었다니 선생님도 기쁘네. 오늘 자신의 문제를 진솔하게 이야기해주어서 고맙고 '다른 사람을 부러워하지 않고, 나 자신으로 당당하게 살아가기'라는 새로운 목표를 향해 걸어가려는 보라를 진심으로 응원해. 다음에도 선생님과 이야기하고 싶거나 상담하고 싶으면, 언제든지 상담센터를 찾아오렴."

"감사합니다. 안녕히 계세요."

### ☰ 마스터 약축 코칭

유니버셜웨이트 타로카드를 사용하여, 큰 틀에서의 상담을 진행하고, 이후 내담자의 마음과 관련한 내적 상황을 연계하기 위해 컬러 타로카드를 사용하여 디테일한 부가적인 상황을 상담으로 이어 나간 사례로 타로상담전문가가 타로 상담을 진행하는 본 마스터가 추천하는 모범적인 상담 과정이다. 또한, 상담자 혼자 타로 상담을 이끌어 가는 잘못된 방식에서 벗어나 내담자의 적극적인 참여와 관심을 이끌었다. 전북 지역에서 타로상담전문가로 활동하시는 김건숙 선생님께서는 상담심리 박사로, 유니버셜웨이트, 컬러 타로카드 이외에 마르세이유, 심볼론 타로카드 등 다양한 타로카드에 전문성을 발휘하시며 활동을 하고 있으며 만다라 명상 & 만다라 타로카드까지 전문활동 영역을 추진, 계획하고 있는 타로상담전문가이다. 많은 훌륭한 후진을 양성하며, 최고 타로상담전문가로 확고히 자리매김하길 기원한다.

# " 중2병 딸을 짝사랑하는 엄마 "

본 타로상담 사례는 서경은 선생님께서 중학교 2학년 딸을 대상으로 실시한 타로상담 사례이다. 본 상담은 자녀의 상담이므로 실명을 그대로 사용한다.
상담일자: 2023년 4월 3일, 상담자: 서경은(학부모), 내담자: 정도원(중학교 2학년)

작년 2022년 충청북도 교육청 단재교육연수원 퇴근길 연수 유니버설웨이트와 컬러 타로 카드 강사로 활동하면서 중학생인 딸과 리얼한 실전 사례를 소개한 적이 있다. 유니버설웨이트 타로카드와 컬러 타로카드를 활용하여 퇴근길 연수를 통해 아래와 같은 사례를 소개하였다.

'예술고등학교 영재원 입학 합격할까요?'
'9월 30일 금요일 체육대회가 있어요. 제가 반대표 계주로 나가는데 우리 반이 1등 할 수 있을까요?'
'중학교 1학년 2학기 남은 학교생활에 친구들과 잘 지낼 수 있을까요?'

딸과의 사례를 통해 연수 때마다 재미있는 사례가 너무 좋았다는 긍정적인 피드백들과 응원과 격려로 다음번엔 더 좋은 강의를 준비해야겠다는 긍지가 생긴다.

2023년 한 해를 맞이하며 나에게 가장 큰 고민이 생겼다. 중 2에 올라가는 딸과의 마찰이다. 사춘기 시기를 겪고 있는 나의 딸 도원이가 반항적인 태도에 나의 모든 신경이 딸에게 집중되었다. 중학교 2학년 새 학기가 시작이 되었고 나는 아이에게 "친구들은 많이 사귀었니? 반 분위기는 어떻니? 담임 선생님은 어떠시니?" 부모라면 물어볼 수 있는 아주 기본적인 질문에도 귀찮아하고 차가운 말투와 버르장머리 없는 행동에 따끔하게 주의를 주고 야단도 많이 쳤다. 하, 참자. 그래, 화내지 말자 심호흡을 하면서 마음을 고쳐먹어도 딸의 방을 들여다보면 화가 머리끝까지 치밀어 올라온다. 컴퓨터도 안 끄고, 정리 정돈이 안 되어있는 방을 보면 나는 아이와 또 신경전을 벌이고 있다. "무슨 카톡을 그렇게 하니? 밥 먹으면서 핸드폰 좀 하지 마."라고 하면서 얼굴을 붉혔다.

3월은 온통 딸 도원이 걱정. 이게 정말 사춘기구나, 우리 딸이 나쁜 방향으로 나가면 어쩌나 늘 노심초사, 오매불망……. 나에게 대하는 태도와 말투, 표정이 180도로 변한 딸을 보면서 엄마로서 솔선수범 마음가짐을 올바르게 하고 중심을 잡아야겠다는 생각이 번뜩 들었다. 요즘 나는 아침저녁으로 만다라를 통해 명상을 하고 있다. 무의식에 내 몸을 맡기며 딸을 생각하면서 그림을 그리고 색을 칠했다. "도원아, 엄마가 도원이를 생각하면서 그린 만다라 작품이야." 하면서 그림을 보여주고 아이와 편안하게 대화를 시도했다.

"우리 도원이가 사춘기라서 감정 조절이 잘되지 않구나? 이제 2학년이 되면서 한 살 더 나이를 먹고 몸이 성장하는 만큼 마음도 더 커져야 되는데, 성장하는 몸만큼 마음이 아직 감당이 안 되어서 도원이 마음을 도원이도 모르겠고 엄마가 하는 말이 모두 잔소리 같고 귀찮고 화가 나지?"

그제야 도원이는 표정이 온순해지더니 "응, 맞아."라고 대답한다. 늘 집에는 여러 종류의 타로카드가 있기에 "지금 현재 우리 도원이 마음이 어떠한지 타로 상담으로 살펴볼까?" 하며 자연스레 타로카드를 꺼냈다. 타로카드를 정성스럽게 셔플을 하고 따뜻한 딸 손을 감쌌다.

"지금 여기 도원이의 마음이 어떤지 한 장 뽑아볼래?"

그리고는 Four of Cups 컵 4번 카드를 보자마자 말했다.

"우리 도원이가 정말 마음이 크려고 하는 중이구나~"

"그게 무슨 소리야?"

"도원이 이 카드가 어떻게 느껴지니?"

"관심? 잔소리같이 보이는데.."

"관심이나 잔소리같이 느껴지는구나. 맞아. 도원이 표현
이 딱 맞네. 도원아, 그럼 2학년 되면서 반에 친한 친구
가 있니?"

"아니 없어. 우리 반 애들은 너무 조용한 반이야. 나랑 친한 친구들은 모
두 다른 반에 있어. 그래서 좀 재미없어."

"그랬구나~ 친한 친구랑 한 반이 되지 않아서 심심하겠네~ 새 학기가 되
면서 반 친구들과 서먹하고 변한 환경이 낯설지? 시간이 조금 지나면 곧
익숙해질 거야. 그리고 엄마한테 바라는 게 있을까? 구름 속에서 내민 손
이 엄마가 내민 관심 같은데 도원이가 관심을 보이지 않네."

도원이는 또박또박 내 말을 이어서 대답을 한다.

"방 청소도 내가 하고 싶을 때 할 거고, 이번 중간고사 시험도 잘 보고 싶
어. 그래서 공부도 할 거야. 엄마가 안 깨워줘도 내가 알아서 일찍 일어나
잖아. 내가 알아서 할 거니깐 잔소리 좀 그만했으면 좋겠어. 내 방에 들어
올 때 막 안 들어왔으면 좋겠어."

"관심보다는 잔소리로 느껴졌구나. 그리고 도원이 방에 들어갈 때는 노
크도 하고 도원아, 엄마 들어갈게~ 이렇게 말하고 들어갈게."

오랜만에 하는 부드러운 대화였다. 나는 그냥 도원이를 두 팔을 뻗어 꼬
옥 안아주었다.

"우리 도원이 많이 컸네~ 그래, 엄마는 도원이를 믿고 지켜볼게. 청소도
도원이가 알아서 잘 할 거라고 믿어. 엄마가 웬만하면 감정적으로 화내지
않도록 많이 노력할게. 도원이도 그렇게 해줄 수 있지?"

"응! 엄마한테 못되게 얘기해서 미안해……."

하고 싶은 말과 일러주고 싶은 말이 너무 많았지만, 잔소리처럼 들릴 거 같아서 다음 상담을 위해

"그럼, 우리 도원이가 앞으로 2학년 1학기가 어떠한 흐름은 어떠할지 뽑아볼까? 3장 뽑아볼래?"

"아니 그냥 1장만 뽑고 싶어 1장으로 보는 게 더 편해."

"그래, 그럼 1장 뽑아보자."

Page of Wands. 코트 카드 완즈의 시종 카드가 나왔다. 도원이는 완즈의 시종 카드를 가만히 바라보았다.

"무슨 카드야? 저 지팡이는?"

"딱 도원이의 모습이 카드로 비춰주었네. 이 카드는 무엇인가 시작을 결심한 인물의 카드야. 저 지팡이는 열정을 상징하는 거야. 우리 도원이 진짜 2학년 되니깐 시험도 잘 보고 싶어 하는 거 같은데?"

"오, 신기하다~ 사실 영어를 잘하고 싶어서, 영어 기초반 수업 신청해서 듣고 있어. 나 영어 단어 시험도 만점 받았어! 그래서 선생님께 칭찬 많이 받았어. 그리고 엄마 내일부터 하경이랑 함께 피아노 학원 다시 다니고 싶어. 내가 치고 싶은 곡이 있거든."

예체능에 재능이 있던 도원이가 작년 갑자기 예술고등학교 영재원 미술 실기에 떨어진 후로 미술 학원도 피아노 학원도 안 다니고 거부하는 모습이 안타까웠는데 너무 좋은 희소식이었다.

"우리 도원이가 말은 하지 않았지만, 열심히 하려고 노력했구나~ 피아노 학원은 당연히 다녀야지! 엄마는 도원이가 피아노 연주하는 모습이 너무 멋지고 예쁜걸^^! 앞으로의 시작을 결심한 도원이를 위해 필요한 게 무엇일까? 엄마가 하나 뽑아볼게."

조언 카드로 등장한 메이저 카드 22번 The world 세계 카드였다.

"엄마, 이거 좋아 보이는데?"

"좋아하는 것을 하나씩 찾아서 차근차근하면 진정 이 세상에서 우뚝 설 수 있고, 자신감도 자존감도 올라갈 거야! 도원아 자꾸 변하는 세상과 상황 속에서 두려워하지 말고 당당하게 하고 싶은 거 해보고, 하고 싶은 말이 있거나 고민이 있으면 언제든지 엄마한테 말했으면 좋겠어. 엄마는 언제나 영원히 도원이 편이야."

"응, 알아. 고마워, 엄마."

여자아이인 도원이는 남자아이처럼 말이 짧고 간결하다. 하지만 대답의 힘과 순응이 느껴졌다. 월계수 타원이 우주 순환의 의미처럼. 이 우주 안, 세상을 향해 훨훨 날아갈 수 있게끔 중심을 잡아주며 지켜 봐줘야겠다는 생각이 들며 머릿속에 내리꽂혔다. 점점 나의 품에서 벗어나 세상을 향해 뚜벅뚜벅 나아가는 모습이 늘 불안하기만 하고 못마땅했던 나의 태도에 스스로 반성을 했다.

좀 더 자세한 상담을 위해 여러 장을 뽑아보고 싶었지만, 아이가 한 장으로 보기를 희망하여 아이의 의견을 존중해 주었다. 아이를 생각하며 그린 만다라 작품도 '로맨틱 태양'이다. 살면서 때론 실패도 패배도 겪는 험한 세상이겠지만, 우주 안에서 도원이를 향해 강렬한 태양의 에너지를 주고 있음을. 이 세상은 아름다우며 로맨틱한 삶을 꿈꾸라는 의미이다.

사춘기를 겪고 있는 딸 도원이가 앞으로 더 예민해질 수도 있겠지만, 조언 카드 세계 카드를 보며 느껴졌던 이 기분, 이 다짐을 잊지 않도록. 비난보다는 칭찬 폭격기와 믿음과 신뢰를 주는 중2병 딸을 끔찍이 짝사랑하는 엄마가 되겠다고 도원이와 약속했다. 타로카드를 배우기를 얼마나 잘했는지? 이럴 때 새삼 느낀다.

사춘기 시기에 가정에서 학부모와 자녀가 함께하는 시간은 학교에서 교사와 학생이 같이 하는 시간보다 더 비중이 줄어들고 그나마 무미건조한 시간을 보내는 경우가 많다. 타로상담은 학교뿐만 아니라, 가정에서도 학생, 자녀의 마음의 문을 열고 교사, 부모와 학생 간에 조금 더 가깝게 다가갈 수 있게 돕는 도구로 많이 사용된다. 위 타로 상담은 서경은 선생님이 수년 전 타로를 공부하기 시작할 때부터 자녀에게 즐겨 사용하던 방법으로 지금은 접근 방법을 포함하여, 타로 상담에 대한 전문가적 실력이 최고 수준에 이르고 있다. 타로 상담의 긍정적인 목적은 미래를 예측하여, 긍정적인 미래를 설계한다는데 있다. 타로 상담에 여러 상담 스킬을 접목하여 진행한다면, 타로상담의 긍정적인 목적을 더 수월히 달성할 수 있을 것이다. 서경은 선생님은 현재, 협회장을 맡아 협회 발전을 이끌고 있다. 당연히 타로상담전문가로 유니버셜웨이트, 컬러 타로카드 이외에 마르세이유 타로카드 등 다양한 타로카드에 전문성을 발휘하며 활동을 하고 있으며 만다라 명상 & 만다라 타로카드, 만다라 아트의 전문 영역까지 활동하는 전문가이다.

---

**사례 8**

## " 동료 선생님의 소원이 현실이 되다 "

본 타로상담 사례는 성영미 선생님께서 동료를 대상으로 실시한 타로상담 사례이다.
상담일자: 2022년 11월 11일, 상담자: 성영미(중등교사), 내담자: 탁진호(가명, 중등교사)

하루 일과를 마치고 연구실에서 조용히 업무를 볼 때가 많다. 연구실에 함께 남아 있는 선생님들과 이런 저런 이야기를 나누다 보면 비로소 마음의 여유가 생긴다. 같은 연구실을 사용하는 탁 샘은 30대 중반을 넘어서고 있는 남자 선생님이다. 탁 샘처럼 밝고 수용력 있는 사람은 어디에나 인기가 있을 것이다. 나도 그런 탁 샘이 같은 학교에 있다는 게 의지가 되었다. 그날은 탁 샘과 함께 야근을 하고 있었다. 늘 밝기만 하던 탁 샘이 머뭇거리며 나에게 시간이 있는지 물었다. 나는 뒷자리에 앉은 탁 샘의 진지한 목소리에 의자를 돌려 앉았다.

"선생님, 저 고민이 있는데 타로 상담을 해주실 수 있어요?"라고 탁 샘이 말했다. 나는 물론 가능하다고 말하며 무슨 고민이 있는지 물어보았다. 탁 샘은 고민을 조심스럽게 말하였다. 사실은 결혼한 지 3년이 넘도록 아이가 생기지 않아서 요즘 정말 힘든 시간을 보내고 있다고 하였다. 자신보다 늦게 결혼한 친구들이 하나둘 아이를 갖게 되면서 더 조바심 나고 불안하다고 했다. 그로 인해 아내와 예민해져 싸움도 잦아지게 되어 힘들다는 말도 털어 놓았다.

오랫동안 상담 공부를 한 내가 새로운 분야로 타로와 미술치료를 공부하게 된 것은 누구에게나 접근성이 좋은 매체이며, 도구이기 때문이었다. 이렇게 간절한 순간에 자신의 무의식 세계를 만나게 되는 것은 참 다행스러운 일이다. 타로 안에 담긴 상징을 통해 자신의 의식보다 깊고 넓은 무의식을 경험하게 되기 때문이다. 78장의 타로카드는 그렇게 인류가 가진 정신세계의 원형을 보여주고 의식의 확장을 통해 삶을 조망할 수 있게 도와준다. 나는 질문을 한 번 더 정리한 후 현재-진행-결과의 쓰리 카드 배열로 스프레드를 했다.

나: 선생님, 카드 위에 왼손을 얹고 한 번 더 질문해 보시겠어요?
탁 샘: 제가 아이를 가질 수 있을까요?

질문을 하는 한 단어 한 단어에 간절함이 묻어난다. 나도 눈을 감고 내가 보낼 수 있는 진심을 담아 스프레드를 했다. 스프레드를 하고 이들이 겪는 심적 고통을 짐작할 수 있었다.

현재 탁 샘은 10개의 지팡이를 지고 버거울 만큼 애를 쓰고 있었다. 심한 압박감을 느끼고 있었다. 임신이 계속되지 않으면서 겪는 고통은 소드 3번으로 표현되었다. 이들 부부가 겪는 심리적, 육체적, 정신적 고통이 얼마나 큰지를 표현해주고 있었다. 이렇게 계속되었을 때 소드 9번의 결과가 나오게 된다. 소드 9번은 한 여인이 침대에서 일어나 두 손으로 얼굴을 감싸고 고통스러워하고 있다.

탁 샘은 딱 자신의 상황이라고 놀라워했다. 탁 샘이 얼마나 스트레스를 받고 있는지 그 마음에 머물며 공감해 주었다. 그리고 소드 9번이 가진 긍정적인 의미를 설명해주었다. 우리가 미래를 생각했을 때는 불안의 정도가 크기 때문에 침대 안에서 고민에 사로잡힌 것보다 실제 현실은 덜 심각하다고 안내해 주었다. 9가지 검은 주인공을 직접 가격하지 않고 뒤에 있을 뿐이라고 말해주었다. 메이저 카드가 아닌 모두 마이너 카드가 나온 것은 두 사람보다 주변 사람들의 시선이나 양가 부모님의 바람 때문에 힘들어하는 것이다. 그러니 주변 상황을 너무 의식해서 스트레스 받기보다는 두 사람이 겪는 심리적 상처를 서로 보듬는 것이 먼저라고 말해주었다.

탁 샘은 자신의 힘든 마음이 타로에 드러난 것도 놀랍고 이제 아내의 마음을 좀 더 편안하게 해주기 위해 노력해야겠다는 말을 했다. 조금 편안해진 탁 샘을 보면서 이들 부부에게 조언카드를 통해 원하는 바가 이루어지기 위한 길도 안내하고 싶었다. 눈을 감고 진심을 다해 조언 카드를 뽑았다. 그리고 속으로 이렇게 말했다. '이들이 정말 원하는 것이 이루어지기 위해서 무엇이 필요할까요?' 조언 카드는 임신과 풍요를 상징하는 메이저 3번 여왕 카드가 나왔다. 하마터면 소리를 지를 뻔했다. 나는 속으로 놀란 마음을 진정하며 이 카드의 의미를 설명해 주었다.

"이 카드는 메이저 3번 여왕 카드로 풍요와 임신, 성공의 카드라고. 이제 탁 샘과 아내가 가진 불안과 두려움이 아닌 확신과 희망으로 마음을 갖고 생활하시면 원하시는 좋은 결과가 있을 거예요."

탁 샘은 너무 기쁘다며 아내에게 이 카드를 보여주고 싶다며 사진을 찍어도 되냐고 했다. 그리고 마치 기적 같은 일이 일어난 것은 한 달이 채 안 되어서다.

탁 샘이 연구실에서 선생님들이 없는 시간에 나에게 조용히 다가와 "선생님 좋은 일이 있어요?"라고 말했다. 나는 업무를 급히 처리하는 중이어서 "그래요? 뭐예요?"라고 말하며 여전히 모니터를 보고 있었다. "저… 임신 성공했어요. 너무 초기라서 선생님께만 말하는 거예요."라고 말했다. 순간 온몸에 전율이… 그제야 탁 샘의 얼굴을 보았다. 활짝 웃는 탁 샘의 얼굴이 보였다. 가슴이 벅찼다.

"이제 주변을 신경 쓰면서 스트레스 받기보다 저희 둘이 중심을 잡고 생활해야겠어요."라고 말한 탁 샘의 다짐이 다시 떠올랐다. 참 잘했다, 그동안 맘고생 많았다는 위로도… 무엇보다 축하한다는 말도 잊지 않았다. 그렇게 삶은 우연과 필연과 그 사이에서 참 적절히 역동하고 있는 것 같다. 탁 샘의 임신 소식은 타로가 보여주는 무의식의 세계를 오늘 우리가 어떤 긍정적인 선택으로 만들어가면 되는지를 보여주는 것 같다.

### 🗨 마스터 약축 코칭

우리의 마음은 불철주야, 우리에게 늘 많은 이야기를 하려고 시도한다. 단지 우리 자신이 마음의 그런 시도를 이해하지 못하고, 받아들이지 못할 뿐이다. 칼 구스타프 융(Carl Gustav Jung: 1875-1961)은 인간을 자기(Self)와 자아(ego)로 구분하여 바로 꿈이 이 두 개의 분리된 영역을 통합하는 과정, 도구로 설명한다. 타로카드 또한, 융이 말한 꿈과 같은 도구로, 인간의 내면, 잠재의식에 숨겨진 여러 정보를 외부, 의식적인 상황과 연결하는 도구로 활용한다면, 미처 깨닫지 못한 자신의 마음을 이해하고 성장할 수 있는 생각하지 못한 좋은 결과가 만들어질 수 있다. 성영미 선생님은 교육학 박사이며, 미술치료교육을 전공하였다. 타로상담전문가로 유니버셜웨이트, 컬러 타로카드 이외에 마르세이유 타로카드 등 다양한 타로카드에 전문성을 발휘하고 있다. 또한, 만다라 명상 & 만다라 타로카드의 전문 영역까지 전문가 활동을 하는 전문가이기도 하다. 특히, 명상과 미술치료에 탁월한 능력을 보여주고 있다.

## " 혐오감 해결을 위한 NLP상담 "

본 NLP상담 사례 내담자 소감문은 『학교 타로상담 & NLP상담(기본편)』 출판에 맞추어 학교상담에 도움을 주기 위해 내담자인 최○서 님께서 상담 당시 상황을 기억하여, 원고를 작성한 것임을 안내합니다.
상담 일자: 2016년 2월 10일, 상담자: 최옥환(NLP 트레이너), 내담자: 최○서 (예비 고등학교 3학년), 작성일: 2021년 2월 19일

저는 디자인과에 재학 중인 대학생입니다. 그림을 그리는 걸 좋아해 왔고, 제대로 미대 입시를 준비한 것은 고등학교 1학년 때부터였습니다. 그런데 언제부터인가 원이나 구멍 같은 것이 연상되는 걸 보면 심한 혐오감이 들기 시작했습니다. 처음엔 별것 아니라고 생각했던 것이 점점 심해져 나중엔 비슷한 것만 봐도 눈물이 나고 심할 땐 구역질이 나기도 했습니다. 인터넷 등 여러 곳을 찾아보니 '환 공포증'이라고 불리는 것과 비슷한 증상인 것 같았습니다. 참다 보면 괜찮아질 거라고 믿고 버텨 봤으나 곧 고등학교 3학년을 앞두고 있던 차였고, 미술 실기 문제로 나온 제시물을 그리기는커녕 보지도 못하게 되자 더는 방치해서는 안 되겠다는 생각이 들었습니다.

원인도 모르던 채로 치료 방법을 찾던 중 엄마가 최옥환 선생님을 만나보면 어떻겠냐는 말씀을 하셨습니다. 솔직히 전해 들은 말만으로는 NLP상담에 대해 제대로 이해하지 못했습니다. 그냥 해결할 수만 있다면 뭐든 시

도해보자는 마음으로 선생님을 만나러 갔던 것 같습니다.

상담 중에 선생님이 하신 말씀이 정확히 기억이 나지 않지만, 편한 마음으로 말할 수 있게 해주셨던 건 기억이 납니다. 여러 질문 끝에 환 공포감이 어디서 시작되었는지를 물어보셨는데, 분명 그 전엔 떠올리려다가 포기했던 것인데도 그때는 뭔가가 떠올라 대답을 했던 것 같습니다. 상담하던 내내 그동안 힘들었던 생각들 때문에 펑펑 울었는데 상담을 마무리할 때는 이상하게 개운한 기분이 들었습니다.

그 뒤로 2년 가까이 저를 괴롭히던 증상이 깨끗이 사라졌습니다. 너무 신기해서 마법에 걸린 기분이었습니다. 그때 선생님을 만난 덕분에 무사히 입시를 치를 수 있었다고 생각합니다. 심리적 어려움을 겪고 있는 많은 학생에게 NLP상담이 큰 도움이 되길 기원하며, 다시 한번 감사드립니다.

**소감문 2** ------------------------------------------------------------

## " 혐오감 해결을 위한 NLP상담 "

본 NLP상담 사례 학부모 소감문은 『학교 타로상담 & NLP상담(기본편)』 출판에 맞추어 학교 상담에 도움을 주시기 위해 내담자의 학부모이신 이○연 님께서 상담 당시 상황을 기억하여, 원고를 작성한 것임을 안내합니다.
상담 일자: 2016년 2월 10일, 상담자 최옥환(NLP 트레이너), 내담자: 최○서 (예비 고등학교 3학년), 학부모: 이○연(내담자 어머니), 작성일: 2021년 2월 15일

저(이○연, 나이 53세)에게는 딸이 하나 있습니다. 제 딸은 예술대학 디자인과에 진학할 목적으로 고1 때부터 미술학원에 다니고 있었습니다. 고2 겨울방학이 다 지난 어느 날, 제 딸이 제게 미술 공부하는 데 어려움이 있다며

자기는 특정 물체를 그리지 못한다고 고백하며 힘들어했습니다. 저는 이게 뭔지 알 수가 없어 자세히 캐물었더니 구멍이 여러 개가 있는 물건을 보질 못하고 생각만 해도 가슴이 두근거리며 걷잡을 수 없이 눈물이 난다는 것이었습니다. 인터넷에 알아보니 그것은 일명 환 공포증이라는 것이었습니다. 만약 아이 대학 입시 실기 시험에 딸기 혹은 연근, 연밥 등의 것이 나온다면 우리 애는 그릴 수가 없어 망치게 되겠죠. 정말 심각하지 않을 수가 없었습니다.

저는 '어떻게 하면 아이의 공포감을 없앨 수 없을까?' 여기저기 알아보았습니다. 그러다가 한때 제가 몸담고 있던 기관의 전 기관장님이셨고 교육장을 지내셨던 분께서 NLP상담으로 고등학생 아이들에게 담배 습관을 상담해 주는 봉사를 했다는 말씀이 떠올랐습니다. 교육장님께 조심스레 연락하여 상담을 신청하자 교육장님께서는 당신의 손녀인 양 너무나 상세히 상담에 응해 주셨고, 당신보다 더 실력이 좋은 스승님께 연락해 주신다고 하시며 만남의 시간과 장소를 정해 주셨습니다.

아이와 함께 약속된 시간에 만나기로 한 장소에서 교육장님과 스승님이신 최옥환 선생님을 만나 이야기를 나누었습니다. 절박한 심정이라 사실 그 당시 오고 간 얘기가 잘 귀에 들어오진 않았습니다만 NLP의 개념에 대해 설명해 주셨고, 아이의 상황에 맞는 방향으로 진행할 것이라고 얘기를 들었습니다. 이후 약 30분 정도의 개별 상담이 진행되었습니다. 중간에 아이가 울음을 터뜨렸는지 휴지를 가지러 오셨고, 걱정된 마음이 좀처럼 가시질 않았으나 계속 저를 안심시켜 주시며 아이의 상담했던 것으로 기억합니다. 상담이 끝난 후 선생님께서는 NLP상담의 여러 기법으로 아이와 상담했다고 말씀해 주셨고, 공포감의 원인을 알아냈다고 하셨으며 잘 진행되었으니 괜찮을 거라 말해 주셨습니다.

NLP에 대해 문외한인 저로서는 '이렇게 한 번의 상담으로 무언가 변화가 일어나기는 어렵지 않을까?' 하는 생각이 들어 한 번 더 만남의 약속을 하길 원했습니다. 그러나 아이의 상황을 보고 판단해도 되며 아마도 더 만날 필요는 없을 것 같다는 말씀을 들은 후 집으로 돌아왔습니다.

아이에게 저는 어땠냐는 질문밖에 할 게 없었고 그때마다 아이는 "기분이 좀 이상해."라는 말만 계속하였습니다. 이게 과연 잘 상담이 된 것인지 알 수가 없었지만 아이는 계속 "이상한데… 근데… 괜찮은 것 같아."라고만 말했습니다. 일주일이 지난 후부터는 아이는 "확실하게 나 그런 그림 볼 수 있어. 이젠 아무렇지 않아. 엄마 되게 신기해."라고 말하는 것을 보고 저도 신기하다고 생각했고 NLP라는 것에 호기심을 갖게 되었습니다.

지금은 제 딸은 대학생이 되어 미대 디자인과 졸업반이 되었습니다. 심리적 어려움을 겪고 있는 많은 학생에게 NLP상담이 큰 도움이 되길 기원하며, 다시 한번 감사드립니다. 그때 제 딸아이의 상담을 통해 마음의 상처를 상담해 주신 최옥환 선생님께 진심으로 감사하다는 말씀을 드립니다.

제 2 장

# 타로카드상담 이해

# Ⅰ. 재미있는 타로카드

---

## 1. 타로카드 이것이 궁금하다

유명 TV 프로그램, 영화, 신문, 심지어 인터넷까지 요즈음 타로카드의 인기는 하늘을 찌를 정도이다. 이런 시대의 흐름을 따르는 듯 타로카드를 공부하려는 수강생들이 줄지어 서 있다. 얼마 전인 2016년 1월, 국립 C대학교 교원연수원과 평생교육원에서 진행한 교원직무연수에서 수강 신청이 열린 지 하루 만에 두 강좌 모두 마감이 되었다. 대학 측의 요청으로 정원을 급히 추가하였으나 이마저도 다음날 마감될 정도이니 그 인기를 실감할 수 있다.

이런 열정으로 막상 타로 강의를 수강하여 보지만, 타로라는 공부를 처음 시작하게 되는 분들에게 걱정이 이만저만이 아닐 것이다. '내가 타로를 잘 공부할 수 있을까?', '내가 과연 타로카드상담을 할 수 있을까?' 하지만, 이분들은 단 몇 시간 만에 심지어 전반적인 흐름을 정리해 주는 첫날에 상당 부분 타로상담을 할 수 있는 노하우를 터득하게 되고 기쁨을 만끽하기 시작한다.

타로카드를 처음 접하면서 궁금해하는 주요 질문 사항은 다음과 같다. 간단히 설명 후, 질문에 따라 추가 설명이 필요한 부분은 다음 단원에서 자세하게 설명하기로 한다.

### 타로카드는 점인가요? 상담인가요?

타로카드는 미래를 예측한다는 부분 때문인지 흔히 점과 관련짓는다.

미래에 있을 수많은 경우에 대한 가능성을 예측한다는 측면을 보면 일부는 맞다고 할 수 있으나, 엄밀히 말하면 틀린 것이다. 현재에 수많은 선택을 우리가 할 수 있듯, 그 과정에 해당하는 선택을 어떻게 하는가에 따라 미래가 달라질 수 있다.

훌륭한 미래가 정해져 있다면 현재, 그리고 미래로 가는 과정에서 노력하는 사람은 없을 것이며, 심지어 불행한 미래가 정해져 있다고 하더라도 현재 그리고 미래로 가는 과정에서 노력하는 사람 또한 없을 것이다. 인생 자체를 포기하는 사람들도 생길 수 있다.

타로카드는 이런 부분에서 점과는 차이가 있어야 하며, 상담이라는 부분으로 연결되어야 한다. 이는 Ⅱ. 타로카드 시작하기 - 1. 타로카드점과 타로카드상담의 차이에서 자세히 설명하기로 한다.

### 하나의 질문에 타로상담을 여러 번 진행해도 되나요?

이것이 가능하다면 얼마나 좋을까? 예를 들어, "내가 이번 ○○○회 로또에서 1등 당첨이 될까요?"라는 질문에 여러분이 타로카드상담을 처음 진행했더니 "안 된다. 꿈을 깨고 현실을 직시하라."라는 카드가 나왔다고 치자. 원하는 하나의 질문에 타로카드상담을 여러 번 진행하는 것이 가능하다면, 여러분은 '당첨된다'는 카드가 나올 때까지 밤을 새워서라도 카드를 뽑을 것이다. 그리고 로또 추첨 방송을 지켜보며 타로카드를 원망할 것이다.

### 타로카드는 무조건 믿어야 하나요?

전혀 그렇지 않다. 타로상담 뒤 타로 리더(이하, 상담자)가 질문자(이하, 내담자)와 대화를 해보면 많은 사람이 이렇게 말한다. "좋은 것으로 나오면 기분이

업(Up)되어 좋아지고, 나쁜 것으로 나오면 조심하게 돼서 신중해지고…" 맞다. 좋은 것은 그렇게 달성하기 위해 노력하면 되는 것이고, 나쁜 것은 긍정적으로 변화시키기 위해 노력하면 되는 것이다. 이는 Ⅱ. 타로카드 시작하기 - 2. 타로카드의 원리와 구성에서 자세히 설명하기로 한다.

### 타로카드는 총 몇 장인가요?

타로카드는 수백, 수천 가지의 종류가 있다. 지금 이 순간에도 타로카드가 전 세계 어디에서 만들어지고 있는지도 모른다. 종류에 따라 타로카드를 구성하는 장수는 약간씩 차이가 있다. 하지만, 이 책에서 소개하고 있는 유니버셜웨이트 타로카드를 비롯하여 일반적인 타로카드는 78장으로 구성되어 있다. 따라서, 타로카드는 메이저카드 22장과 마이너카드 56장, 총 78장으로 구성되어 있다고 생각하면 된다. Ⅱ. 타로카드 시작하기 - 2. 타로카드의 원리와 구성에서 자세히 살펴보자.

### 공백카드는 어떤 경우에 나오나요? 쉽게 예를 들어 주실 수 있나요?

타로카드에는 2장의 공백(여백) 카드가 있다. 일반적으로 이 2장의 공백카드를 빼고 78장의 카드로 상담을 진행하지만, 2장을 넣어 80장으로 상담을 하는 상담가들도 있다.

여러분들은 박신양 주연의 『박수 건달(2013년 1월)』이라는 영화를 대부분 관람하거나 시청(TV에서도 방영)했을 것이다. 여기에서 한 중년 여인(무당)이 박신양을 시험하려 아들의 대학 상담과 시어머니에 대해 상담을 의뢰한다. 이때 박신양이 아무 말도 하지 못하는 것을 보며, 사람들 앞에서 박신양을 조롱하고 뒤돌아 나가려 하는 찰나, 방울이 딸랑딸랑 울리고 동시에 박신양의 눈빛이 180도 바뀌며 말을 한다.

"고얀 년, 여기가 어디라고 주둥이를 함부로 놀려. 시집도 안 간 것이 자식은 무슨 자식이고, 없는 자식이 무슨 대학을 가고, 시어머니는 무슨 얼어 죽을 시어머니? 너, 무당이지? 어디 와서 누굴 시험해?"

바로 이런 대답을 하게 될 때 공백카드가 나온다. 즉, 상담자를 조롱할 때, 거짓이 있는 상담일 때, 말도 안 되는 질문을 할 때 등을 대표적인 예로 들 수 있겠다.

### 타로카드에서 정방향과 역방향이란 무엇인가요?

타로카드에서 정방향이라는 것은 카드가 똑바로 나왔을 때를 의미하고, 역방향이라는 것은 카드가 뒤집어져 나왔을 때를 의미한다. 참고로, 우리 교재에서 사용하는 유니버셜웨이트 카드는 정, 역방향을 모두 사용한다. 타로카드에 따라 정방향으로만 해석하는 카드가 있는가 하면 정, 역방향 모두를 사용하는 카드가 있다.

쉽게 구별하는 방법은 두 가지가 있다. 첫 번째 방법은 각각의 타로 해설서에 들어 있는 안내서를 따르는 것이다. 즉, 정방향만 사용하는 용도로 만들어진 카드인지 역방향도 사용하는 타로인지에 대한 지침을 따르는 것이고 이 방법이 가장 정확하다.

두 번째는 타로카드 뒷면에 있는 모양을 파악하는 방법이다. 즉, 정방향과 역방향의 모양이 같으면 정방향, 역방향을 모두를 사용하는 카드이고 역방향으로 하였을 때 모양이 다르면 정방향만 사용하는 카드이다.

TIP 요즘음 많은 타로 리더들이 유니버셜웨이트 타로카드를 사용하면서 정·역 구분 없이 정방향으로만 상담하는 경우를 많이 볼 수 있다. 시대적 흐름을 반영한 방법이라고 말하는 상담사도 있지만, 정확한 리딩을 위해서는 유니버셜웨이트 타로카드의 근본적인 사용법에 맞게 정·역방향을 고려함이 더욱 정확한 상담 결과를 이끌어낼 수 있다.

## 2. 나의 성격카드

나는 누구일까? 전생은 있을까? 있다면 나는 전생에서 무엇이었을까? 나는 어떤 성격을 갖고 태어났을까? 나는 행복한 운명을 가지고 태어났을까? 지금 하는 행동이 나에게 무엇을 의미할까? 등 우리는 인생을 살아가면서 많은 생각을 한다. 특히, 나이가 들어가면서 우리 자신에 대한 존재의 궁금증에 대해 더욱 많은 생각을 하게 된다. 이 중에서 타로카드를 가지고 쉽게 본인의 타고난 성격을 파악하는 방법을 소개한다.

1 양력 생년월일의 각 자리 숫자를 모두 더한다(ex. 1970년 4월 18일의 경우, 1970+4+18=1992).

2 이렇게 나온 4자리 숫자를 다시 더한다(ex. 1+9+9+2=21).

3 2번에서 나온 숫자가 1~21 사이일 때는 그 번호의 카드가 자신의 성격카드가 되고, 22일 경우에는 0번이 자신의 성격카드가 된다. 23 이상일 경우에는 앞뒤 숫자를 다시 한번 더해야 한다. 예를 들어 생년월일을 더한 결괏값으로 26이 나왔다고 치면 2+6=8이므로 8. Strength(힘)가 본인의 성격카드인 것이다. 8. Strength(힘)는 내면적 힘이 강한 사람, 외유내강의 성격으로 내적 용기와 힘, 결단력, 확신, 도전적인 성향을 가지고 있으며 내면의 문제 상황과 맞서야 하는 삶의 과제를 안고 있다.

## 3. 나의 올해의 카드

연말연시가 되면 모든 사람은 궁금해한다. 내년이 과연 나에게 어떤 해일까? 많은 사람이 이 질문에 답을 찾기 위해 여러 가지 방법을 동원한다. 타로카드로 이런 나의 올해의 상황을 알아보는 방법을 소개한다.

1  위에서 설명한 나의 성격카드 찾기에서 나의 생년 부분을 올해의 해에 해당하는 숫자로 바꾼다.

2  이하 성격카드 찾기와 똑같은 방법으로 진행한다. 예를 들어 생년월일이 1960년 3월 2일(양력)이라면 2023(올해의 해)+3+2= 2028이고 2+0+2+8= 12 즉, 12.THE HANGED MAN(매달린 사람)이 나에게 맞는 올해의 카드가 된다. 올해는 적극적인 활동보다 내적인 에너지를 발휘하는 한 해이며, 재충전이 필요한 해이다. 또한, 관점을 바꿀 필요가 있는 해이기도 하다.

TIP 위의 예에서 작년의 카드는 11. JUSTICE(정의)가 될 것이고, 내년의 카드는 13. DEATH(죽음)이 될 것이다. 즉, 우리의 인생도 이렇게 한 걸음 한 걸음 나아가는 중인 것이다.

# Ⅱ. 타로카드 시작하기

　프롤로그(Prologue)에서 기술한 바와 같이, 수년간 여러 대학에서 그리고 연수원에서 타로카드상담전문가, 타로카드와 NLP상담, 타로카드상담과 힐링 치유, 타로카드 5일 만에 끝내기, 타로카드 힐링과 트랜스 심리상담, 라포와 상담의 기술; 타로카드 힐링과 트랜스 심리상담, 인생을 밝히는 지혜의 등불; 타로상담 등 여러 가지 강의명이나 교과목으로 지역교육지원청 위 클래스(Wee Class) 상담교사, 대학교수 연수 등의 강의를 하며 수천 명의 완전 초보 수강생들을 타로상담가 또는 상담전문가로 발전시키고 인재를 배출해 왔다. 그런 과정에서 첫 강의 첫 시간에 거의 매번 공통으로 받았던 질문이 있다.

　"제가 타로상담을 할 수 있을까요? 저는 타로의 '타' 자도 몰라요…."

　그럼 나는 줄곧 이렇게 대답해 왔다.

　"타로의 '타' 자도 모른다는 것은 중요하지 않습니다. 여러분이 이 자리에 오신 순간부터 타로상담이라는 '씨'를 마음에 뿌리신 겁니다. 이제 저와 함께 그 '씨'에 물을 주고 영양분을 주어 성장시켜 나갈 것입니다."

　타로상담에 입문하는 수강생 대부분은 이 대답을 듣고 걱정으로 가득했던 얼굴에 잔잔한 미소를 띤다. 이 질문을 받을 때면 자칭 타로 전문가라면서 실력은 낙엽과 같이 형편없는 사이비들이 판치는 혼탁한 이 세상에 '그래도 마음공부를 하는 분들은 참 마음이 깨끗하구나.'라는 감사한 생각을 하게 된다.

# 1. 타로카드점과 타로카드상담의 차이

앞서 말했듯이 타로카드는 미래를 예측한다는 측면에서 많은 사람이 점과 관련짓는다. 또한, 예전에는 타로카드상담을 하는 사람 대부분이 종교적 색채를 띠고 있는 종교인이라든지, 역술가들이었다. 심지어 여전히 타로카드상담을 진행하면서 카드는 살피지 않고 내담자의 얼굴(관상)이나 표정으로 자신이 말하는 것의 진위를 파악해 나가는 사이비들이 많다. 또한, 타로카드를 매개로 하여 더 자세한 상담을 위해 수상, 관상, 명리 등의 방법을 사용한다고 유인하는 경우도 많다. 물론 개중에는 더 자세한 상담을 위해서 이런 추가적인 방법을 사용하는 상담가도 있겠지만, 반면 자신들의 분야를 위해 타로를 이용하는 사람들이 있다는 점이 안타까울 뿐이다.

우리는 현재 이 순간에도 수많은 선택을 할 수 있듯, 미래로 가는 그 과정에 주어지는 선택들을 어떻게 하는가에 따라 우리의 미래가 달라질 수 있다. 타로카드에 나오는 미래의 결과는 여러 가지 가능성 중에 현재의 상황적 조건과 가장 연관성이 큰 미래이다. 따라서, 우리는 과정을 바꿈으로써 미래도 바꿀 수 있다. 즉, 현재 상황에서 미래를 예측하는 것으로 끝나는 것이 아니라, 그 과정을 업그레이드하여 미래를 설계한다는 것이 바로 '학교 타로상담 & NLP상담'의 핵심이다. 이 부분은 제3장 학교 타로상담 & NLP상담 이해하기 - Ⅰ. 학교 현장에서의 타로상담에서 자세히 설명하도록 하겠다.

훌륭한 미래가 정해져 있다면 현재, 그리고 미래로 가는 과정에서 노력하는 사람은 없을 것이며, 심지어 불행한 미래가 정해져 있다 하더라도 노력하지 않을 것이다. 종국에는 인생 자체를 포기하는 사람들도 생길지도 모른다. 타로카드는 이런 부분에서 우리에게 삶의 지침을 주는 중요한 도구이다.

그래도 다행인 것은 최근 들어 저자와 같이 심리 상담 전공자들이 타로카드를 학교 현장에서 학생들과의 라포 형성을 위한 도구로, 집단에서 통합을 위한 도구로, 마음의 상처를 치유하는 도구로 사용하는 등 상담과 연계하여 효율적이고 적극적으로 사용하고 있다는 점이다.

저자는 매 강의에서 수강생들에게 강조한다. 타로를 단지 일회성의 점이 아닌 회기를 갖추어 변화를 이끌기 위한 타로상담으로 사용하기를….

---

## 2. 타로카드의 원리와 구성

양자이론, 홀로그램이론 등 현대과학적인 면에서 타로카드에 접목되는 원리는 여러 가지 있으나 그 중, 심리학자 칼 구스타프 융(C. G. Jung)의 '동시성(Synchronicity)의 원리'가 가장 적합하다. 즉, 원인과 결과가 사건을 연결해 주듯이, '비인과적 원리'가 사건들을 서로 연결해 준다. 이 동시성의 원리는 타로상담 시 타로카드의 그림을 보지 않고 카드들을 섞음으로써 하나의 무작위 패턴을 만들어 낼 때 적용된다.

타로카드는 메이저카드 22장과 마이너카드 56장, 총 78장으로 구성되어 있다. 메이저(Major)라는 의미는 '주된, 주요한, 큰'이라는 뜻으로 우리 인생에서의 굵직굵직한 사건들을 의미한다. 이에 비해 마이너(Minor)라는 의미는 '부속적인, 사소한, 작은'이라는 뜻으로 인생의 세세한 부분을 의미한다. 그렇다고 메이저카드만 중요하고 마이너카드는 중요하지 않다는 말이 아니다. 예를 들어, 나의 인생에서의 큰 사건, 결혼을 메이저카드에서 파악할 수 있다면 그 결혼을 둘러싸고 있는 제반 여건, 상황, 과정 등 다양한 모습들을 마이너카드에서 살펴볼 수 있다.

메이저카드 22장은 0. THE FOOL(바보)이라는 주인공이 21. THE WORLD(세계)라는 목적을 달성하는 인생의 여정을 나타낸다.

메이저카드는 다음과 같이 구분하여 배열할 수 있다.

[ 의식 ]        [ 무의식 ]        [ 초의식 ]

위와 같이 메이저카드를 의식, 무의식, 초(超)의식의 세 개의 영역으로 구분하면 0. THE FOOL(바보)의 주인공이 각 영역의 시험 단계에 해당하는 4. THE EMPEROR(황제), 11. JUSTICE(정의), 18. THE MOON(달)의 과정을 잘 거쳐 더욱 성장·발전하게 된다. 또한, 이 중 11. JUSTICE(정의)는 전체 메이저카드의 중간시험 단계에 해당되어 중간 평가를 거치게 된다.

TIP 어떤 질문의 스프레드에서 메이저카드의 개수가 많이 나왔다면, 그 질문은 내담자의 인생에서 중요한 영향력을 발휘한다. 예를 들어 켈틱크로스 스프레드에서는 10장의 카드를 선택하게 된다. 이 중 4장 이상이 메이저카드라면 그 질문은 내담자의 인생에서 의미 있는 질문이다. 마이너카드는 세상 만물인 WANDS(지팡이), CUPS(컵), SWORDS(검), PENTACLES(펜타클)의 4종류의 슈트(Suit)로 구성되어 있다. 각 슈트는 ACE(1번)부터 10번까지의 숫자 카드(핍 카드)와 PAGE(시종), KNIGHT(기사), QUEEN(여왕), KING(왕)의 네 궁정 카드(코트 카드)로 구성되어 있다. 각 슈트마다 14장씩 4종류의 슈트이니 56장이 마이너카드의 개수이다.

---

## 3. 타로카드의 기원과 역사

타로카드의 역사에 관해 정확하게 밝혀진 것은 없다. 14C 무렵 인도 또는 이집트와 같은 동양에서부터 집시 또는 고향으로 되돌아가는 십자군들이 유럽의 이탈리아로 전파한 것이라고 보는 사람들이 있다. 이 외에도 타로의 기원에 관하여 여러 가지 설이 있으나, 동양에서 발생하여 유럽으로 전해졌다는 점에서는 거의 일치하고 있다.

타로카드의 기원을 제대로 알 수 없는 이유는 타로카드가 일반적으로 유포되었던 14C 무렵의 유럽이 기독교 봉건제의 시대이며, 이교도의 불가사의한 상징에 권력의 탄압이 가해졌기 때문이라고 보는 견해들이 있다. 이 시기에 유럽의 여러 나라에서는 타로카드에 대한 부정적인 견해들이 상당히 지배적이어서 사용을 금하기도 하였을 정도로 삼엄하게 경계했다.

르네상스 무렵 타로카드는 대중들의 놀이를 위한 도구로 그 형태를 바꾸어 현재의 트럼프로 불리는 게임용 카드의 원형이 되었다고 할 수 있다. 그 후 19C 말에는 타로카드에 점성학적인 의미를 부여하게 되었고, 카발라 철학을 바탕으로 해석이 첨가되어 오늘날의 타로카드로 변모되어 갔다. 그리하여 22장의 메이저카드와 56장의 마이너카드들을 합한 78장의 카드들은 어떠한 개념도 상징할 수 있는 보편적인 형태를 갖추게 되었다. 이 78장의 카드들은 모든 만물과 우주를 포함하고 의미하는 것이 가능할 정도로 완벽한 상징체계를 갖고 있다. 그리고 이집트의 비의나, 유대교 카발라 철학의 생명의 나무, 히브리 22문자뿐만 아니라 개인적인 삶에서의 문제들에 대해 대응할 수 있는 포용력을 갖추고 있다.

타로카드는 라이더웨이트 타로카드를 기준으로 그 이전을 클래식(Classic) 타로카드, 이후를 모던(Modern) 타로카드로 나눈다. 클래식 타로카드에는 비스콘티 스포르자 타로카드, 마르세이유 타로카드, 에테일라 타로카드 등이 있으며 모던 타로카드에는 이미지가 더욱 정교해진 웨이트(Waite) 계열의 타로카드, 토트(Thoth) 카드 등이 있다.

---

## 4. 타로카드의 상담 방법

타로카드상담을 진행하면서 꼭 필요한 5개의 구성 요소가 있다. 바로 질문, 셔플(섞는 행위), 스프레드(배열), 리딩(해석), 조언과 코칭이다. 아울러 카드가 어느 위치에 배열되는가에 따라 리딩에는 엄청난 차이가 있다.

( 타로카드상담의 5요소 )

### ① 질문

내담자의 질문을 통해 타로상담이 시작되는 만큼 질문의 체계화가 상당히 중요하다. 내담자의 애매한 질문은 애매한 리딩을 가져오므로 가능하다면 구체적으로 질문해야 구체적 리딩이 가능하다. '누가, 언제, 어디서, 무엇을, 왜, 어떻게'의 육하원칙을 따르면 좋겠지만, 내담자의 질문을 체계화할 수 있는 최소한의 필수요소로 재정립한다.

예를 들어, "제가 대학에 합격할 수 있을까요?"라는 질문에는 "네, 합격할 수 있습니다."라고 리딩할 수 있다. 그런데, 이 리딩에는 여러 가지 부족한 사항이 있다. 수시로 합격할지 정시로 합격할지, 최초 합격인지 추가 합격인지, 원하는 대학인지 원하지 않는 대학인지 등의 자세한 정보가 빠져 있다는 점이다.

보통 내담자가 처음 질문하게 되면 정립되지 않은 질문을 한다. 이런 경우 상담자는 내담자의 질문과 관련된 세부적인 내용을 다시 물어봄으로써 내담자의 질문 내용을 세분화하고 명백하게 하여 체계적으로 정리할 필요가 있다.

### ② 셔플(섞는 행위)

셔플은 일반적인 방법으로는 내담자나 상담자(저자의 경우 보통 상담자인 저자)가 실행한다. 하지만, 여러 가지 제한 사항으로 내담자(나, 너) 2인이 섞는 방법이 있고, 내담자와 상담자가 같이 섞는 방법이 있다. 주의할 사항은 내담자의 질문에 집중해서 셔플해야 한다는 것이다. 또한, 셔플하는 과정에서 어떤 스프레드 방법을 사용할지에 대한 결정이 이루어진다.

### ③ 스프레드(배열)

스프레드(배열)는 '펼친다'라는 뜻이다. 즉, 내담자의 질문을 받고 셔플하면서 어떤 스프레드를 사용할지 결정했다면, 카드를 부채꼴 모양으로 펼쳐 사용할 스프레드에 맞는 카드의 개수를 내담자에게 뽑게 한다. 제4장 - Ⅲ. 스프레드 & 사례 활용에서 자세히 살펴보기로 한다.

### ④ 리딩(해석)

스프레드 된 카드를 살펴 내담자의 질문에 맞는 리딩(해석)을 한다. 여기에서 주의할 점이 두 가지 있다.

첫째, 원 카드 리딩이 아닌 이상 카드 전체를 파악하고 종합적인 해석을 하도록 한다. 단순히 결과만을 파악할 것이라면 원 카드를 리딩하면 될 것이고, 추가적인 사항이나 세부적인 관련 사항을 파악하기 위해 카드의 개수를 추가한 것이라면 그 목적에 맞게 리딩해야 한다.

둘째, 절대로 내담자의 미래를 확정하지 말라. 앞에서도 설명했듯이 카드의 결과는 현재 상황에서 일어날 수 있는 가장 가능성 있는 미래이다. 따라서, 결과의 카드로 나온 것을 그대로 해석하는 것보다 조언과 코칭을 통해 돕는 것이 좋다.

예를 들면, 내담자의 질문에 "시험에 떨어진다."라는 결과 카드가 나왔다면, "시험에 떨어지겠군요."라고 단정하지 말고 떨어지지 않기 위해서 할수 있는 사항을 카드 배열에서 파악하여 "만약 이렇게 한다면 시험에서 떨어지는 것을 피할 수 있습니다." 혹은 "이렇게 한다면 좋은 결과를 얻을 수 있을 것입니다." 또는 "지금과 같이 행동한다면 시험에서 좋지 않은 결과를 얻을 수 있으니 단점을 변화시키는 것이 중요합니다." 등의 방법을 사용하는 것이 좋다.

### ⑤ 조언&코칭

학교 타로상담에서 이 부분이 제일 중요하다. 타로카드의 의미를 해석했다면, 학생의 질문이나 상황에 맞추어 긍정적인 조언과 코칭을 해주는 것이 필요하다. 리딩(해석)의 결과가 명확하고, 학생이 이미 조언&코칭의 의미를 파악한 경우에는 생략할 수 있다.

> TIP 상담자에 따라서는 메이저카드 22장만을 가지고, 또는 마이너카드 56장만을 가지고 상담하는 경우도 있다. 하지만, 메이저카드 22장, 마이너카드 56장을 모두 사용하여 상담할 때, 더욱 정확한 결과를 끌어낸다. 생각해 보자. 켈틱크로스 10장을 메이저카드 22장에서만 선택한다면 타로카드상담의 원리에 부합하지 않을 것이다.

### 카드 배열 위치에 따른 리딩

카드가 스프레드상 어디에 배열되는가에 따라 리딩에 엄청난 차이를 보이게 된다. 즉, 카드의 각각의 의미를 파악하는 것도 중요하지만, 전체적인 흐름을 파악하는 것이 더욱 중요하다 할 수 있다. 일반적으로 많이 사용하는 쓰리 카드 스프레드 '과거-현재-결과' 리딩에서 10. WHEEL of FORTUNE(운명의 수레바퀴)을 예로 들어보자.

[ 과거-부정 ]　　　[ 현재 ]　　　[ 결과-긍정 ]

[ 결과-긍정 ]　　　[ 현재 ]　　　[ 과거-부정 ]

　10. WHEEL of FORTUNE(운명의 수레바퀴)은 '운명적인 기회, 뜻하지 않은 행운, 긍정적 변화, 작은 일의 완성, 순환, 이동, 뿌린 대로 거둠'의 뜻을 띠고 있다. 위와 같이 10. WHEEL of FORTUNE(운명의 수레바퀴)이 똑같이 현재에 자리하고 있다 하더라도 의미는 전혀 다르게 리딩된다. 만일, 과거가 부정으로 나오고 결과가 긍정으로 나왔다면 "과거의 부정적인 문제 상황이 현재를 터닝 포인트로 하여 미래에 긍정적인 결과를 얻게 된다."와 같이 해석하면 된다. 즉, 여기서 10. WHEEL of FORTUNE(운명의 수레바퀴)은 긍정적인 변화를 의미한다고 볼 수 있다.

　하지만 만일, 과거가 긍정으로 나오고 결과가 부정으로 나왔다면 "과거의 긍정적인 상황이 현재를 터닝 포인트로 하여 미래에 부정적인 결과를 얻게 된다."와 같이 해석하면 된다. 즉, 여기서 10. WHEEL of FORTUNE(운명

<sup>의 수레바퀴)</sup>은 부정적인 변화를 의미한다고 볼 수 있다.

TIP 많은 상담자가 10. WHEEL of FORTUNE(운명의 수레바퀴)을 행운의 카드로 파악하여 배열에 상관없이 긍정적 카드로 해석한다. 이는 원 카드 리딩 등 일반적인 경우에는 적용되지만, 특수한 경우의 의미 파악이 더욱 중요할 수 있으므로 반드시 배열에 따른 리딩을 고려해야 한다.

# 제 3 장

# 학교 타로상담
# & NLP상담 이해하기

# Ⅰ. 학교 현장에서의 타로상담

## 1. 학교 타로상담 이해하기

타로상담과 과학

타로상담 교원연수에 참석한 대다수 교사의 가장 큰 불편함은 타로카드에 대한 주변의 부정적 시각이다. 앞에서 간단히 이야기했듯이, 이것은 예전에 타로상담을 했던 사람들이 역학과 연관된 업을 가졌던 경우가 많아 타로가 점이라는 시각에서 오는 편견 때문이다. 하지만 지금은 우리나라의 최대 상담 학회인 한국○○학회에서도 타로를 상담으로 연계하여 연수를 진행하며, 전문 상담사들의 자격 이수 시간을 인정해 줄 정도로 타로상담을 연구하고 발전시키고 있다.

타로점(占)과 타로상담에는 큰 차이가 있다. 타로점이라는 것은 타고난 운명을 점쳐 미래를 알아내는 행위로, '미래는 정해져 있다'는 운명론적인 의미가 강하다. 반면에, 타로상담이라는 것은 현재로부터 일정한 기간의 미래를 파악하여 그 미래를 더욱 긍정적으로 변화하고 업그레이드하기 위한 과정을 설계하는 행위로, '미래를 개척해 나간다'는 개척론적인 의미가 강하다.

여기에는 고전과학과 현대과학을 연계하여 설명할 수 있다. 고전과학은 투수가 공을 던질 때 공이 투수의 손을 떠나는 순간 이미 도착할 곳이 정해진다는 운명론에 입각한 것임에 반해, 현대과학은 투수의 공을 떠났어도 중간(과정)의 여러 변수에 의해 반드시 정해진 위치에만 떨어지지 않는다는 것으로 설명할 수 있다.

타로점은 고전과학으로만 설명할 수 있지만, 타로상담은 고전과학과 현대과학의 입장을 모두 취한다고 볼 수 있다. 즉, 타로상담은 현재 상황으로부터 큰 변수가 없을 때의 정해진 기간의 미래를 예측할 수 있다는 고전과학의 입장과 얼마든지 중간 과정을 업그레이드하여 미래를 긍정적으로 이끌 수 있다는 현대과학적인 입장을 모두 취하게 된다.

따라서, 학교 타로상담에서 제일 중요한 것은 타로상담을 통해 현재 상황에서 일어날 수 있는, 가능성이 가장 큰 미래를 파악하여 그 미래가 긍정적이면 더욱 긍정적으로, 부정적이라면 긍정적인 결과를 이끌 수 있도록 과정을 변화, 업그레이드하는 것이라고 할 수 있다.

### 학교 타로상담의 접근 방법

타로상담은 현대과학의 원리 중 칼 융의 '동시성의 원리'가 크게 작용한다. 즉, 우리가 어떠한 상황에서 질문을 통해 해당 타로카드를 선택했다면, 그 타로카드가 뽑힌 것은 보이지 않은 연결 관계에 의한 것이라는 점이다. 이 동시성의 원리는 타로카드의 앞 이미지가 보이지 않는 배열, 즉 무작위 패턴에서 더 잘 작용이 되기 때문에 보통 타로카드는 뒷면이 위로 올라오게, 그리고 잘 섞어서 상담을 진행한다.

하지만, 학교 현장에서 학생들을 상담하다 보면 한창 민감할 나이의 학생들이 이를 거부하고 받아들이지 않을 수 있다. 타로상담을 해달라고 요청하는 학생들도 있지만, 한편으로는 우연히 선택된 카드에 의해 자신의 미래가 좌우되는 것을 못마땅하게 생각하는 혈기왕성한 학생들도 상당수 있기 때문이다. 그렇기에 타로상담을 진행하는 과정에서 처음부터 동시성의 원리를 접목하여 학생들을 상담하려 하지 않는 것이 좋다. 그렇다면 어떤 방법을 사용해야 할까?

바로 타로카드의 이미지가 보이도록 앞면을 위로 향해 타로카드를 책상 위에 펼쳐놓는 방법을 쓰는 것이 좋다. 책상 위에 펼쳐진 카드를 보며 학생의 현재 상황에 해당하는 카드를 3~5장, 원하는 장수로 선택하게 한다. 선택한 카드를 배열하여 학생에게 각 카드의 상황을 설명하도록 한다. 물론 타로카드의 의미를 교사가 알고 있어야 세심한 상담이 가능하다.

이 과정을 진행하다 보면 학생은 자신과 관련된 상황들을 허심탄회하게 이야기하고, 상담을 이어 나가게 된다. 바로 이 부분이 타로카드를 도구 삼아 진솔한 상담을 진행할 수 있는 큰 장점이라고 할 수 있다.

열린 출입문을 닫기 위해 여러분은 학생들에게 다음 중 어느 화법을 구사하겠는가?

1. 길동아, 앞문을 닫고 와라.

2. 길동아, 어디서 바람이 부는 것 같지 않니?

두 문장의 공통점은 학생에게 문을 닫고 오라는 뜻을 내포한다는 것이다. 하지만, 이것을 받아들이는 학생의 마음은 정반대일 수 있다. 1번의 문장은 지시적 언어를 사용한 직설적인 표현이지만, 2번의 문장은 비(非)지시적인 언어를 사용한 간접적인 표현이다. 이를 받아들이는 학생은 일반적으로 1번에 대해서는 거부감을 느낄 것이고, 2번에 대해서는 수용하는 태도를 보이게 될 것이다. 이것이 NLP의 화법이다.

타로카드의 이미지는 학생에게 바로 2번과 같은 영향을 미치게 된다. 즉, 강요나 지시를 통해 대화하는 것이 아니라, 수용과 비지시적인 언어로 학생의 마음을 움직이고 진솔한 상담을 하는 것이다.

예시: 흡연상담*

고등학교 2학년 ○○(남)가 흡연하다가 적발되어 씩씩거리며 상담실로

---

* 저자의 대표서인 『타로카드상담전문가(해드림, 최지원 외)』 인용. 학교 타로상담 프로그램은 『학교 타로상담 & NLP상담(실전편)』에서 자세히 다룰 예정이다.

들어오고 있다.

"○○가 많이 속상한 모양이구나. 편안히 쉬면서, 현재 ○○의 상황에 해당하는 카드를 원하는 장수로 선택해 줄 수 있겠니?"

"저런, 카드를 보니 ○○가 많이 힘든 모양이구나! 화도 많이 나고…. 선생님에게 ○○가 뽑은 카드를 설명해 줄 수 있겠니?"

"자꾸 화가 나요. 자꾸 성질이 나고 속에서 몇 번씩 폭발하고요. 자꾸 엄마가 사사건건 간섭해요…. 속도 타고 답답하고…. 그래서 자꾸 담배를 피우게 된 거예요…. 엄마가 자꾸 제 일에 간섭해서 미칠 것 같아요."

"○○가 엄마한테 많이 화가 났구나. 담배는 언제부터 피우게 된 거니?"

"중3 겨울방학 때부터요. 반항심 때문이기도 하고 또… 친구들 사이에서 우쭐댈 수 있어서 피웠어요."

"아~ 그랬구나. 담배를 피우니까 어떠니?"

"처음에는 담배를 피우면 피울수록 엄마한테도 반항하는 것 같고, 친구들 사이에서 뭐라도 된 것 같아서 기분은 조금 좋았는데…."

"그런데?"

"사실은… 2년을 피워보니까 후회가 돼요…. 이걸 왜 피웠을까 하고요."

"지금은 담배를 끊고 싶은 거구나~"

"그런데… 하루에 1갑을 넘게 피우게 되다 보니 지금은 끊을 수가 없어요. 공부는커녕 만사를 두려움 속에서 살아가는 것 같아요. 이러다가 죽는

건 아닌지 불안하기만 하고요…."

"만약에 ○○가 담배를 끊게 되면 어떻게 될까?"

"응… 담배를 끊게 되면… 일단 제가 마음먹은 대로 뭐든 할 수 있다는 자신감이 생길 것 같아요."

"그렇지, ○○가 자신감이 생기겠구나. 그리고 또 어떤 일이 생길까?

"죽겠구나 싶었던 일을 해결했으니, 어려운 일이 닥쳐와도 한번 부딪혀 볼 수 있을 것 같아요…."

위와 같은 학생의 NLP상담에서는 목표 설정의 원리, 유목화기법, 미래상상기법, NLP화법 등을 통해 학생 마음의 내적 프레임(틀)을 바꿀 수 있다.

그런데 문제는 금연이라는 행위까지 이끌어 내야 상담의 목적을 달성했다고 할 수 있다. 담배를 끊게 된다면 학생의 말처럼 긍정적인 생각을 통해 좋은 쪽으로 변할 가능성이 크지만, 담배를 끊지 못하게 된다면 "그럼 내가 그렇지…", "그래, 역시 안 돼…" 등의 제한적 신념으로 현재보다 훨씬 부정적인 심리를 형성할 것이다. 이 상황에서 타로상담을 진행한다면 미래의 가능성으로 나오게 되는 카드들은 계속 부정적인 영향력이 큰 카드만 나올 것이다.

앞에서의 언급처럼 일반적인 타로카드의 유효기간이 3~6개월임을 감안하였을 때 3개월마다 단순히 긍정적인 미래를 기대하게만 될 것이고, 그것이 실제로 이루어지지 않는다면 계속해서 실망하게 될 것이다. 미래는 우리가 창조하는 것이다. 문제점을 파악했다면 그 문제점을 해결하기 위한 실천을 통해 훨씬 긍정적인 미래, 발전적인 미래를 만들어야 한다. 아무런 노력 없이 단순히 미래만 기대하다가는 오히려 현재보다도 못한 미래로 이어질 수 있다. 그런데, 흡연이라는 문제 상황이 어디 쉽게 해결될 수 있겠는가?

바로 이런 상황에서 학생에게 적합한 NLP상담을 실시한다면, 놀라운 결과를 눈앞에서 보게 될 것이다.

## 3. 학교 진로상담(타로카드와 직업카드* 사용)

예시: 저에게 적합한 진로는 무엇일까요?**

---

\*  마인드프레스 직업카드 220(개인별 사용하고 있는 직업카드 사용 가능)

\*\* 자세한 타로카드 & 직업카드를 활용한 진로 상담은 『학교 타로상담 & NLP상담(실전편)』에서 선보일 예정이다. 출판 전인 지금도 교원연수, 대학 강의 등에서 안내·설명하고 있다.

| 1. 메이저카드 | ·여왕: 금융, 가사, 전원 관련 |
|---|---|
| | ·정의: 법조, 중개, 감정평가 분야(업종) |
| | ·세계: 해외, 패션, 홍보 관련(업종) |
| 2. 마이너카드 | ·검 2: 갈등, 문제 해결 분야(업종) |
| | ·완즈 5: 경쟁이 치열한 분야(업종) |
| | ·완즈 2: 해외, 외국 관련 분야(업종) |
| 3. 직업카드 | ·공인회계사(C: 관습적) |
| | ·외교관(E: 진취적) |
| | ·세무사(C: 관습적) |
| | 실용과 안정성을 추구하는 관습적(C)인 유형에 대한 선호도가 분명함 |

내담자는 전반적으로 경제 관련, 사업 분야를 갈망하며 완드의 성향이 강한 직업 특성을 가진다. 또한, 정해진 규칙에 정확하고 신중한 일 처리를 선호한다.

### 실전 상담 활용 방법 (1) 타로카드 앞면 사용

① 메이저카드와 마이너카드를 분류한다(분리 사용).

② 메이저카드 중에서 내담자가 선호하는 진로 유형을 3가지 선택하도록 안내한다. "22장의 메이저카드에는 다양한 직업 정보가 들어 있습니다. 메이저카드의 이미지를 보며 길동이에게 가장 잘 어울리고, 진정으로 갈망하는 직업과 매칭이 되는 3장을 뽑아 주시기 바랍니다."

③ 마이너카드 중에서 보조적으로 직업을 설명해 줄 수 있는 카드를 3가지 선택하도록 안내한다. "56장의 마이너카드에는 다양한 직업 정보가 들어 있습니다. 마이너카드의 이미지를 보며 도움이 될 수 있는 직업과 매칭이 되는 3장을 뽑아 주시기 바랍니다."

④ 직업카드 중 선호 직업 유형 (비선호 직업 유형)을 3장 고른 후 호감(비호감) 순서대로 나열한 후 선택 이유에 대해 질문한다. "220장의 직업카드에는 다양한 직업 정보가 들어 있습니다. 천천히 카드를 보면서 호감

이 가는 직업(비호감 직업)을 3장 뽑아 주시기 바랍니다. 그리고 원하는(원하지 않는) 3장의 카드들을 순서대로 나열해 주시기 바랍니다."

⑤ 학생의 이야기를 충분히 청취 후, 상담자의 전문 상담(설명)을 실시한다.

### 실전 상담 활용 방법 (2) 타로카드 뒷면 사용

① 메이저카드와 마이너카드를 분류한다(분리 사용).

② 메이저카드 중에서 내담자가 선호하는 진로 유형을 3가지 선택하도록 안내한다(직업카드까지 모두 선택 후 오픈). "22장의 메이저카드에는 다양한 직업 정보가 들어 있습니다. 길동이에게 가장 잘 어울리고, 진정으로 갈망하는 직업이 무엇인지를 생각하면서 3장을 뽑아 주시기 바랍니다."

③ 마이너카드 중에서 보조적으로 직업을 설명해 줄 수 있는 카드를 3가지 선택하도록 안내한다(직업카드까지 모두 선택 후 오픈). "56장의 마이너카드에는 다양한 직업 정보가 들어 있습니다. 길동이의 성숙한 성장을 위해 도움이 될 수 있는 직업이 무엇인지를 생각하면서 3장을 뽑아 주시기 바랍니다."

④ 직업카드 중 선호 직업 유형 (비선호 직업 유형)을 3장 고른 후 호감 (비호감) 순서대로 나열한 후 선택 이유에 대해 질문한다. "220장의 직업카드에는 다양한 직업 정보가 들어 있습니다. 천천히 카드를 보면서 호감이 가는 직업(비호감 직업)을 3장 뽑아 주시기 바랍니다. 그리고 원하는(원하지 않는) 3장의 카드들을 순서대로 나열해 주시기 바랍니다."

⑤ 직업카드 선택 후 선택한 타로카드를 오픈한 후 학생의 이야기를 충분히 청취 후, 상담자의 전문 상담(설명)을 실시한다.

# Ⅱ. 학교 현장에서의 NLP상담

수십 년간 대인 불안감을 가지고 살아가던 사람을 한순간에 그런 대인 불안에서 벗어나게 하는 방법이 없을까? 언제부터인지 알 수 없는 마음의 상처를 짧은 시간에 완벽하게 지워버릴 방법은 없을까? 많은 사람이 간절히 바라고 있는 희망 사항이다. 하지만, NLP의 원리를 이해한다면 충분히 실현할 수 있고 실제로 가능했던 일들이다.

이 책에서는 NLP의 전반적인 이해를 돕기 위한 내용과 실제 사례를 통해 NLP 초보자도 이해 가능할 수 있도록 가볍게 접근해 보도록 하겠다. 전문적인 NLP의 내용은 NLP 정규교육 과정을 참고하기 바란다.

---

## 1. NLP 이해하기

NLP는 신경언어프로그래밍(Neuro-Linguistic Programming)의 약자로 많은 분야에서 다양하게 응용되고 있다. 1970년대 초중반에 미국에서 시작된 NLP는 사람의 변화를 불러일으키는 기술로써 대단히 효과가 높아 변화와 성취를 위한 상담의 새로운 고급 기법으로 사용되고 있다. 특히 교육과 상담, 개인적인 목표 달성, 가족 문제의 해결, 학습이나 창조성의 향상, 심신의 건강 증진, 비즈니스 분야 등에 많이 사용되고 있다.

NLP에서의 N, L, P 각각의 의미를 살펴보면 다음과 같다.

N은 Neuro의 약자로 신경을 말하며 우리의 마음, 두뇌와 연관된다. 이것은 인간의 모든 행동은 신경적 기반을 가지고 있다는 것을 의미한다. 오감

에 해당하는 시각, 청각, 후각, 촉각, 미각을 느끼는 기능을 통해 외부로부터 정보를 받아들이고, 그것에 의미를 부여하며, 또 그 의미에 따라 행동한다는 것이다.

L은 Linguistic의 약자로 언어를 의미하는데, 의사소통과 연관된다. 이 언어에는 말로 이루어지는 언어와 말과 비언어적인 방법(제스처, 행동 등)에 의한 언어도 포함한다. 이 언어는 사람의 생각과 행동을 이끌고 타인과 의사소통을 하는 도구로 사용되며 인간의 사고, 신념, 태도와 같은 내면세계 또는 정신세계를 반영하기도 한다.

P는 Programming의 약자로 사고, 감정, 행동의 체계적이고 습관적인 프로그램화와 연관된다. 이것은 마치 컴퓨터의 소프트웨어를 업그레이드함으로써 프로그램을 바꿀 수 있듯이 인간의 내적인 마음의 소프트웨어를 업그레이드함으로써 개인의 사고, 감정, 행동을 변화시킬 수 있다는 것을 의미한다.

이런 NLP의 장점을 내담자에게 잘 사용한다면 마음의 변화를 쉽게 이루고, 문제의 상황에서 긍정적 상황으로의 변화를 이끌어 효율적인 삶을 이끌 수 있을 것이다.

## 2. NLP 전제조건(Presupposition)

전제조건이란 그것이 반드시 참이고 진리라는 뜻이 아니다. 전제조건을 인정하고 그것이 사실인 것으로 여기고 행동을 한다면 효과적이고 만족스러운 인생 경험을 창출해 나가는 데 도움을 얻을 수 있기에 그렇다고 가정을 하고 그것에 따라 행동하는 것을 말한다. 공인 협회마다 약간의 차이가 있으나, 일반적인 NLP 전제조건의 자세한 내용은 다음과 같다.

1 **지도는 영토가 아니다**(The map is not the territory). 우리는 자기중심적으로 생각하고 행동한다. 즉, 실재(reality) 그 자체가 아닌 실재라고 믿는 인식에 해당하는 지도에 반응한다. 지도는 영토가 아니다. 지도는 그러한 영토를 편리하게 그려놓은 것에 불과하다. 우리는 그러한 지도에 의해 움직이고 의사소통을 한다. NLP는 실재 자체가 아닌 그것을 반영하는 지도를 변화시키는 기술로, 누구나 자신이 행복한 지도를 만들 수 있다.

2 **인간의 행동은 목적을 가진다**(Human behavior is purposeful). 우리가 의식하지 못할지라도 우리의 행동은 항상 무엇인가를 성취하려고 노력한다. 고통을 피하고, 기쁨을 얻으려는 시도와 함께….

3 **모든 행동은 긍정적인 의도에서 나온다**(All behavior has a positive intention). 우리는 언제나 우리에게 가치 있는 무언가를 성취하고자 한다. 사람은 행동 그 자체가 아니다. NLP는 행위 그 자체와 그 행위 뒤에 숨어 있는 의도나 목적을 구분한다. 우리가 행동의 목적을 이해한다면, 그 행동을 긍정적으로 이해할 수 있다.

4 **선택할 수 있다는 것은 그렇지 못한 것보다 낫다**(Having choice is better than not having choice). 가능하면 광범위하게 여러 가지 선택을 하고 선택의 폭을 넓게 갖는 것이 효과적이다. 많은 선택권을 가지는 것이 유연한 사고와 행동을 할 수 있으며, 이는 상호작용에서 큰 영향을 미치게 된다.

5 **사람들은 그 당시에 할 수 있는 가장 최선의 선택을 한다**(People are always making best choice(s) available to them). 모든 사람은 자신에게 주어진 세상에서 당시에 할 수 있는 최선의 선택을 한다. 더 나은 결과를 얻기 위해서는 효율적이고 확장된, 긍정적 자원을 사용해야 한다.

6 **실패란 없다, 다만 피드백이 있을 뿐이다**(There is no failure, only feedback). 내가 성공하지 못하였더라도 그것은 실패가 아니다. 성공을 위해 한 발짝 더 나아가는 과정이며, 목표 성취를 위한 피드백일 뿐이다.

7 **의사소통의 의미는 반응에 의해 결정된다**(The meaning of communication is the response you get). 의사소통은 상대방으로부터 어떤 반응과 피드백을 얻느냐에 의해 결정된다. 즉, 의사소통의 문제는 상대방으로부터 원하는 반응을 얻는가에 해당하는 문제와 직결된다. 원하는 결과를 얻지 못했다면 기존과 다른 라포, 전략 등의 다른 방법으로 의사소통을 하는 것이 좋다.

8 **우리에게는 이미 필요한 모든 자원이 있거나 아니면 우리가 새로이 창조할 수 있다**(We already have all the resources we need or we can create them. There is no unresourceful people, only unresourceful states). 자원이 없는 사람은 없다. 다만 '자원이 없는 상태'가 있을 뿐이다. 모든 사람은 긍정적인 변화를 이끌어 낼 자원을 가지고 있다.

9 **성공적인 성취를 모방함으로써 탁월성을 달성할 수 있다**(Modeling successful performance leads to excellence. If one person can do something, it is possible to model it and teach it to others). 어떤 사람이 무언가를 할 수 있다면 그것을 모방하는 것과 그것을 다른 사람들에게 가르치는 것도 가능하다. 즉, 탁월성은 모델링이 가능하다.

10 **경험은 일정한 구조로 구성된다**(Experience has a structure). 우리의 경험은 일정한 패턴으로 이루어진다. 만약 그 구조나 패턴을 바꾸면 경험한 내용 또한 자동으로 변화된다. 예를 들어, 나쁜 기억은 부정적인 장면이나 역시 부정적인 소리 및 부정적 감정을 일으키는 내용의 구조로 이루어진다.

11 **정신과 육체는 하나의 체계이다**(The mind and body are parts of the same systems). 몸과 마음은 하나이다. 정신과 육체는 상호작용을 하며 서로 영향을 미친다. 서로에 영향을 미치지 않는 상태에서 어느 하나를 변화시킨다는 것은 불가능하다.

12 **타인의 세계관을 존중하라**(Respect for the other person's model of the world!). 나의 세계관이 있듯, 타인도 타인만의 세계관이 있다. 나의 세계관을 존중받기를 원한다면, 타인의 세계관도 존중해 주어야 한다.

13 **이해하고 싶다면 실행하라**(If you want to understand, act). 배움에 있어 행동이 중요하다. 직접 실행하면서 배우는 법이다.

---

### 3. NLP 학교 현장 관련 상담 사례

저자는 NLP 트레이너로 하위과정인 NLP 프랙티셔너나 NLP 마스터프랙티셔너 관련 과정을 강의할 때마다 반드시 상담 사례를 제출받아 왔다. 어떻게 본다면 이것은 하나의 단계 또는 과정을 마무리하는 실전 상담이다. 지금까지 수백 건의 사례를 제출받으며 슈퍼비전 또는 코칭을 할 때마다 사람들의 마음이라는 것은 참으로 대단하다는 것을 새삼 느끼게 된다.

50년 가까운 세월 동안 구운(삶은) 달걀을 거부하는 한 교육계의 수장, 주체할 수 없이 하루에 커피를 수십 잔씩 마시는 대학교수, 애벌레 공포감으로 인해 특히 비가 올 때면 두려움에 휩싸여 등교하지 못하는 대학생(남), 높은 곳에 오르지 못하는 고소공포감을 느끼는 직장인, 반지나 팔지 등 금속을 손가락이나 손목에 차게 되면 피부에서 거부감이 생겨 뻘겋게 부풀어 오르는 직장 여성, 물이 겁나 샤워조차 제대로 하지 못하는 주부, 많은 사람 앞에 서면 모든 머릿속이 백지처럼 변하고 공포감을 느끼는 사업가 겸 메이저급 인터넷 카페 동호회 운영자, 시험 문제만 보면 눈에 글씨가 들어오지 않으며 식은땀을 흘리고 불안감을 느끼는 고등학생…. 이 사례들의 공통점은 바로 이런 심각한 문제가 모두 마음에서 시작되었다는 것이다. 그렇다면 해결책도 바로 마음에서 찾아야 한다.

여러 사례 중 1편의 일반 성인상담 사례와 2편의 학생상담 사례를 간단히 소개한다. 특히, 2~3번째 사례는 교직 연수 등에서 관심을 보이고 계시는 학교 현장의 선생님들께 도움이 되길 바라는 마음으로 원래 능숙한 전문 상담교사셨고, 저자에게 NLP를 교육받으시며 NLP를 학교 상담 현장에 접목하셔서 더 큰 성과를 내고 계신 NLP 공동 연구자이신 김선희 전문상담선생님의 사례 중 일부를 수록하였다. 교직 정년퇴직을 하셨지만, 여전히 NLP에 열정이 대단하신 존경스러운 분이시다.

---

**사례 1** - - - - - - - - - - - - - - - - - - - - - - - - - - - - - - - - - - - - - - - - - - - - - - - -

" **50년 가까이 느낀 삶은 달걀에 대한 거부감을 15분 만에 해결!** (60대 중반, 남성) "

2011년 겨울, 지방의 한 국립대 NLP상담 세미나에서 강의를 듣고 있던 연세 지긋하신 수강생 한 분이 공개상담을 간절하게 부탁했다.

"교수님, 사우나나 목욕탕에 가서 동료들과 구운(삶은) 계란을 먹는데, 저는 멀찌감치 떨어져서 멀뚱멀뚱 바라만 봐야 합니다. 작은 소망이 있다면 사우나나 목욕탕에서 동료들과 같이 구운(삶은) 계란을 원 없이 먹어 보는 것입니다."

당시 60대 중반의 한 지역 교육기관(교육청)의 수장으로 퇴직하고 여러 사회 봉사활동 등의 사업으로 바쁜 일과를 보내고 있는 분이었다. 이 내담자는 구운(삶은) 계란을 보는 즉시 가슴이 꽉 막히고 열이 나고 답답하고, 불안감이 즉각적으로 엄습한다고 한다.

NLP는 결과중심적, 해결중심적 상담기법이라 현재 상황만 파악해도 쉽게 문제 상황을 해결할 수 있으나, 이 내담자분의 경우에는 좀 더 세부 내용을 파악해야 할 것 같았다.

NLP상담기법 중 시간선치료 방법을 사용하여 근본 원인을 파악하고 추가적인 NLP상담기법 등을 접목하여 문제 상황을 해결하였다. 이 모든 상담을 진행하는 데 15분 내외 정도가 소요되었다. NLP상담은 일반적으로 상담 전후의 결과를 즉각적으로 확인한다.

옆 편의점에서 구운 달걀 3개를 사왔다. 한 치의 머뭇거림도 없었다. 이 내담자분은 누가 시키지도 않았음에도 불구하고, 달걀 껍데기를 까 한 입 베어 물으면서 "참, 우리의 마음이 간사하군요."라는 명언을 남기셨다. 이후, 세미나가 있을 때면 계란을 한 판씩 삶아 오셔서 수강생분들과 같이 즐겁게 까드셨다. 소금을 찍어 간을 맞추기까지 하시면서…. 세미나가 모두 끝난 후 몇 년이 지난 어느 날 만난 자리에서 여전히 삶은 계란은 문제가 되지 않았다.

TIP 상담에 사용된 주요 NLP상담기법: 앵커링, 심상화, 시간선치료, 하위양식 변화 기법 등

## " 가정 내의 불화를 극복하고 긍정적인 신념을 회복 (중학교 1학년, 여학생) "

상담을 신청하러 여러 친구와 함께 왔지만, 친구들의 눈치를 보면서 불안한 눈빛이 가득한 학생…. 다른 친구들을 자연스럽게 보내고, 학생과 이야기를 시작하였다.

"참 아름다운 친구네! 선생님이 사랑하고 싶은 친구 ○○야."라고 말하면서 반가워하고 공감해 주며 이야기하니 학생은 순간 웃으며 기쁜 표정을 지었다. 나중에 들은 이야기지만 모든 선생님과 가족에게 비난만 받았는데 처음으로 누군가에게 인정을 받은 것 같아 살짝 흥분했다고 한다. 학생 내담자에게 선물로 간단한 음료와 과자를 주니, 갑자기 눈물을 흘리기 시작하며 그동안의 이야기와 지금의 상황을 모두 이야기하였다.

아이가 어렸을 때는 부모님이 교사라 늘 혼자였다고 한다. 아이의 아빠는 한때 직장을 그만두고 집에서 공부하게 되셔서 함께 놀이도 하며 지냈고, 이때가 행복하고 좋았다고 했다. 그러나 아버지가 교사가 되면서 뒤늦게 동생들이 연이어 태어났고, 엄마는 동생들에게만 신경을 쓰셨으며, 아빠도 매우 바쁘셔서 아이는 할머니에게 맡겨졌다. 그리고 할머니 댁에서 초등학교를 졸업하였으며, 중학교에 들어갈 시기에 갑자기 부모님께서 일반 중학교가 아닌 대안학교에 가도록 종용하였다고 한다. 이때 아이는 매우 분노하여 부모와 심하게 싸웠으며 크게 반발하였다. 결국, 대안학교를 중퇴하고 미용 기술을 배우려고 하였으나 그 역시 부모님이 들어주지 않아 좌절되었다. 그로 인해 일탈하게 되고 부모와의 갈등은 극에 달하였다. 부모님을 피해 매일 친구네 집에 가서 잠을 자게 되었고 그 모습을 못마땅히 여긴 부모님과의 갈등이 폭발하여 가출까지 감행하고 말았다. 결국, 부모님은 내담자가 현재 지내고 있는 친척 집에 맡겼다. 친척 집에 있으려니

불편하고, 눈치가 보이고, 1년 늦게 중학교에 들어오니 나이 어린 친구들이 언니 대접을 안 해주는 것 같아 화도 나고, 공부에는 아예 관심조차 없어 수업 시간에 엎드려 자는 것이 일과였다. 집에 가서는 카톡과 핸드폰 게임으로 밤늦게 자기 때문에 지각이 일상이라고 하였다.

자신은 태어나지 말아야 할 존재라는 생각이 들어 부모님에게 꼭, 확실하게 복수하고 싶어졌다고 하였다. 그래서 자살을 결심했고, 실패하지 않고 고통이 적게 죽기 위해 투신자살을 하려고 생각 중이지만 두렵다고 했다. 그 와중에 학급 친구들이 상담실에서 성격 검사와 학습 코칭을 받았는데 매우 도움이 되었다고 말해 주어 상담실에 가보고 싶어졌다고 했다. 모두 좋았다며 기뻐하고 만족해하기에 복수하기 전에 상담이라도 한번 해보자는 심정으로 온 것이다.

"와 줘서 고맙다! 많이 마음이 아팠구나. 그래도 잘 참고 견뎠네, 대견하다."라고 말하며 손을 잡아 주자 학생은 시종일관 눈물을 흘리며 말을 제대로 잇지 못하였다. 모든 이야기를 들어 준 후, 분노 조절 훈련(이완호흡 및 시간선), 부정적 정서 제거(시간선, 붕괴앵커링, 빈의자기법, 가슴열기 등), 관점바꾸기를 통해 단점을 장점으로 바꾸기 등의 방법을 사용하였다. 특히 빈의자기법과 관점바꾸기기법을 시연하자, 학생은 '정말? 정말이야?' 하면서 매우 울었고, 아버지를 용서하기에 이르렀다. 자신의 입장을 충분히 이야기하면서 부모의 마음을 이해하고 용서하게 되었고 학생의 고민은 많이 해소되었다.

이후 성격 검사를 통하여 자신을 보다 잘 이해할 수 있도록 돕고, NLP상담기법 중 하나인 성공의 원을 통해 자신감 앵커링, 목표 세우기 등으로 새롭게 꿈과 대체 행동을 제시하는 상담을 실시하였다. 이후 부모님 또한, 학생의 문제를 가족 전체의 맥락에서 조정하는 상담을 실시하였다. 어느 정도 안정은 되찾은 학생에게는 EFT(Emotional Freedom Techniques), 학습코칭상담, 진로 안내, 자살 예방 교육 및 생명존중 교육을 실시하였다.

부모와 함께하는 상담에서 학생은 부모님의 입장을 이해하게 됐고, 그동안 경제적인 어려움 때문에 부모님도 매우 힘들었다는 것을 알게 되었다. 또한, 부모님께서는 자신과 동생들을 위해 최선을 다하고 계시다는 것을 인지하게 되었다. 부모님에게는 학생이 원하는 것, 하고 싶은 일에 대하여 긍정적으로 반응해 줄 것을 제안하였고, 학생에게는 인생은 자신이 선택하는 것이고 부모의 마음을 바꾸는 것보다 자신의 생각을 바꾸는 것이 더 빠르다는 것을 인지하도록 하였다. 그리고 자기 인생은 자기가 만든다는 것, 자기 안에 긍정과 부정의 에너지가 모두 존재하며 긍정적인 사고와 태도가 행복한 삶을 만드는 것이란 점을 통찰하게 하였다.

부정적 제한 신념이 긍정적으로 바뀌면서 학생은 활발해졌고, 급우들과도 잘 어울리게 되었다. 또한, 부모님의 허락하에 원하던 아르바이트를 해보면서 돈 버는 것이 힘들고, 부모님이 무엇 때문에 자신을 다양한 길로 이끌려고 했는지도 이해하게 됐다. 학업과 아르바이트를 병행하기가 힘들다는 것을 안 뒤에는 스스로 아르바이트를 그만두었다. 학교 친구들과 좀 더잘 지내고 자신의 미래를 위해 공부해야 한다는 것을 인지하고 노력하여, 최근에는 수업 시간에 졸지 않고 열심히 학교생활을 충실히 하고 있다.

TIP 상담에 사용된 주요 NLP상담기법: 시간선치료, 앵커링, 관점 바꾸기, 성공의 원, 목표 설정, 빈의자기법 등

**사례 3**

" 학교폭력으로 손상된 자존감 회복 (중학교 3학년, 여학생) "

체육 시간을 마치고 교실에 들어오니 자신의 실내화가 없어졌고, 사물함의 물건들이 없어졌다. 자신의 책상 속 물건 또한 교실 바닥에 버려져 있었다. 내담자는 이 모든 것이 자신을 괴롭히는 명수(가명)가 그랬을 것이라고 추측했다. 학교에서 명수는 '짱'이라 불리었고, 모두 그 학생을 두려워했

다. 그래서 명수가 배식 담당인 월요일에는 급식소에 갈 자신이 없어서 점심을 거르기도 했다.

그런데 명수가 같은 고등학교로 진학한다는 것을 알게 된 이후로 내담자는 두려움과 불안 증세가 심해졌다. 성적 때문에 명수와 같은 학교에 원서를 써야 했지만, 그럴 자신이 없었고 고등학교 진학 자체가 두려워졌다. 그래서 울며 밥도 먹지 않았고 다른 학교로 전학을 보내 줄 게 아니라면 인문계가 아닌 실업계로 진학하겠다고 극한 저항을 하는 상황이었다. 부모님과 담임 선생님이 달래고 문제 해결을 도모하였지만, 학생의 두려움과 불안은 해소되지 않고 더 심해져 상담을 하게 되었다.

학생은 매우 겁먹고 움츠러든 상태였고 조심스럽게 주변을 두리번거리며 상담실을 방문하였다. 우선 이완호흡을 통해 생리 상태를 안정시키고, 라포 형성을 위해 간단한 상상놀이와 EFT를 실시하였다. 이완호흡과 EFT를 통해 마음이 다소 안정이 되었고, 마음이 편안해지자 적극적으로 마음을 열기 시작했다. 예쁘고 멋진 유치원 선생님이 꿈이라고 하여, 이완호흡을 시킨 후 자신이 원하는 유치원 선생님의 모습을 상상하도록 하였다. 그리고 선호표상체계가 청각형이고 신체감각형인 것을 활용해, 마음의 안정을 위해 곰 인형을 품에 안겨 주고 "와! 수연(가명)이 정말 탤런트처럼 아름답고 예쁘다. 정말 멋지고 훌륭하고 따뜻한 유치원 선생님이구나. 와와~ 대단해! 정말 학생들을 잘 돌보고 지도하는구나. 멋져!" 하면서 박수를 보내고, 환영해 주고, 사랑해 주었다. "넌 멋진 선생님이야. 대단해! 잘할 거야!"라고 계속 외치자 학생은 행복해하며 매우 기뻐하였고 두려움이 다소 사라지게 되었다.

이러한 과정을 통해 마음의 에너지 상태가 심리와 건강에까지 영향을 끼친다는 것을 깨닫게 하고, 현재 수연이의 마음의 에너지가 부정적인 상태이기 때문에 심리적인 불안감이 커질 수밖에 없다는 것을 인지하게 했다. 학생은 평소 명수에 대해 부정적인 마음을 가졌기 때문에 불안이 커져서 순간적으로 기억도 잘 안 나고, 피해의식이 커져 자신의 실내화를 명수가 가져갔을 것이란 추측을 하게 됐다는 걸 알게 되었다. 그리고 시간선상담 결과, 학생은 유치원 때부터 공부를 못해서, '바보', '멍청이', '더러워', '냄새나' 같은 말로 늘 놀림을 받아왔다. 초등학교에서도 친구들이 늘 자신을 따돌렸다는 것을 다시 바라보고 매우 고통스러워하며 울었다. 결국, 이 모든 것의 원인은 심한 불안감 때문이라는 것을 알게 되었으며, 그로 인해 피해의식이 커져 친구들이 자신을 괴롭히려고 물건을 훔쳐 갔다고 착각하고 있음을 알게 되었다.

문제 해결을 위해 NLP 하위양식기법을 통해 학생의 프레임을 긍정 상태로 바꾸었다. 그리고 '싫어하는 친구가 배식하는 것이 무서워서 밥을 못 먹으면 누구만 손해인가? 내가 다른 학교로 간다고 해서 근본적으로 달라지는 것이 있는가? 같은 동네인데, 안 만나고 지낼 수 있는가? 피하기만 하면 누구만 손해인가?' 하며 왜곡된 마음의 상태를 바르게 인지시키고, 자신의 문제를 스스로 해결하려고 하는 상태로 만들고자 했다. 또한, '친구가 무엇 때문에 자신을 괴롭히는지 이유를 아는가? 그리고 무엇 때문에 친구가 두렵고 무서운가?' 하고 메타모델 분석을 통해 문제의 원인을 찾아 나갔다. 그랬더니 친구들이 장난으로 자신을 툭툭 치면서 욕하는 것이 무섭다고 대답하였다. "친구들이 장난으로 자신을 툭툭 치면서 욕하면, 항상 괴롭고 무섭나요?"라고 묻자, 항상 그런 것은 아니라고 응답하였다. 그래서 "항상 그런 것이 아니라면, 즐거웠을 때는 언제인가요?"하고 질문하였다. 학생이 친구들과 재미있게 놀고 있는 장면이라고 응답하여, 그 상황을 앵커링하였다. 이어서 붕괴앵커링기법을 활용하여 부정적인 상태를 긍정적인 상태로 전환했더니 매우 밝고 활기차지기 시작하였다.

뇌는 진실과 거짓을 구분하지 못한다는 NLP 전제를 이야기해 주면서 상상을 통해 마음의 상태를 바꿀 수 있도록 유도하였다. 걸리버처럼 자신을 거인으로 바꿀 수도 있고, 귀여운 강아지나 장난감으로 바꿀 수 있다고 하자 학생은 상상 속에서 두려운 친구들을 귀여운 하얀 강아지로 만들어 함께 노는 것을 상상하였다. 그러자 그 친구들에 대한 두려움도 해소되었다.

TIP  상담에 사용된 주요 NLP상담기법: 메타모델, 앵커링, 하위양식 변화, 시간선치료, 선호표상체계, 관점 바꾸기, NLP 전제조건 등

위 사례들에서 중요한 사실 하나를 파악할 수 있다. 우리가 힘들다고 여기는 마음의 문제 상황은 단지 몇 분 만에 사라질 수 있다는 것! 그리고 역으로 되짚어 보면 이런 문제 상황이 만들어지는 것 또한 단지 몇 분, 아니 몇 초 만에 생겨날 수 있다는 것! 그리고, 그 몇 분, 몇 초 만에 생겨난 문제 상황이 평생 간다는 것! 얼마나 끔찍한 일인가?

우리는 우리의 마음을 믿어야 한다.

그것이 곧 우리 자신을 믿는 것이다.

이 책을 읽는 독자나 수강생들에게 도움이 되었으면 하는 간절한 마음으로 제4장 - Ⅰ. 메이저카드 & NLP상담 단원에서 22장의 메이저카드를 설명하면서 이와 연관하여 마음의 문제를 해결할 수 있는 22개의 NLP 내용과 상담기법을 매칭시켰다. 내용을 읽으며 따라 하는 사이에 나도 모르게 변화된 나를 볼 수 있을 것이다.

# 타로카드상담 & NLP상담

# Ⅰ. 메이저카드 & NLP상담

| 0 | 무한한 가능성, 새로운 출발, 순수함 |
|---|---|
| 하얗게 빛나는 태양 | 신의 은총, 성공, 행운, 열정 |
| 바보 | 시작, 자유, 여행 |
| 월계수 | 성공, 행운 |
| 하얀 강아지 | 조언자, 후견인, 동반자 |
| 화려하고 찢어진 옷 | 자유로움, 경솔함 |
| 절벽 | 미지의 세계, 힘든 난관, 위험함 |
| 흰 장미 | 순수함, 순결함, 순진함 |
| 붉은 깃털 | 자유로움, 여행, 이동, 열정 |
| 설산 | 미지의 긴 여행, 달성 목표 |
| 춤추는 모습 | 행복, 기쁨, 자유로움 |
| 장화 | 자유로움 |

**타로카드 이미지**

하얀 태양이 후광(Halo)을 비추고 있다. 언덕 위에는 한 남자가 화려한 복장을 하고 오른손에는 막대기로 만든 봇짐을 메고, 왼손에는 하얀 장미를 들고 있다. 언덕을 자세히 살펴보면 편안히 휴식을 취할 수 있는 장소라는 생각보다는 자칫 잘못하면 바로 아래로 떨어질 수 있는 절벽, 낭떠러지가 보여 불안하다.

오른쪽 옆에 눈 덮인 설산은 태양에서 느껴지는 따뜻함보다는 차갑고 생소한 느낌이 든다. 하지만, 0. THE FOOL(바보) 카드의 주인공은 천진난만하고 흥미로운 표정을 짓고 있다. 당장 여행을 떠나 새로운 신비로운 세상과 만나고 싶은 호기심과 새로운 기대에 가득 찬 표정이다. 주인공의 왼쪽 옆에서는 하얀색 강아지가 주변의 위험함을 알리며 더는 나아가지 말 것을 충고하는 듯한 모습이다.

0. THE FOOL(바보) 카드는 순수함, 자유로움, 시작을 의미하는 카드이다. 자유롭고 희망으로 가득 차 보이는 주인공은 엄마 배 속에서 갓 태어난 아가와 비슷하다. 즉, 아무것도 알지 못하는 무지의 상태로 새로운 세상에서 새로운 인생을 경험하기 위해 출발하는 순진무구한 호기심으로 가득 찬 어린 아기와 같은 주인공이다. 그러니, 당연히 가진 것도 없고 욕심도 없다. 주위에는 위험한 일들이 산재해 있고, 계획성이 부족하고 완벽한 준비가 되지 않아 경솔하고 실수를 만발할 수 있는 상황이다.

하지만, 하얀 태양이 강하게 비추어 주인공을 보호하고 도와주며 하얀 강아지가 옆에서 여러 가지 충고와 조언을 해주고 있다. 월계수 잎을 머리에 쓰고 있는 것을 보니, 이전 여행에서 승리나 목표를 달성했을 수 있거나 이번 여행에서 성공할 수 있음을 짐작할 수 있다.

주인공은 자유로운 영혼이라 누구에게 구속받기를 싫어하고 얽매이는 것을 꺼린다.

TIP 0. THE FOOL(바보) 카드는 사람 자체는 아주 순수하고 착하지만 책임감 없는 자유연애를 즐겨서 한 사람에게 완전한 사랑을 주기가 어렵고 어떤 새로운 일에 몰입하거나 집착할 수 있으며, 간섭과 구속을 싫어하고, 여러 가지 일 저지르기를 즐기는 사람이다.

## 파워 리딩

자유롭다   순수하다   무책임하다   충동적이다   계획성이 없다
소유하고 있는 것이 없다(무소유)   무모하다   주변을 살펴볼 필요가 있다

" 지금 만나고 있는 사람은 제가 결혼을 해도 되는 사람인가요? "

↳ 지금 만나고 있는 분은 내담자분을 자유로운 연애 상대자로 생각하고 있습니다. 즉, 결혼해서 책임을 질 정도의 책임감도 없고 마음의 준비도 안 되어 있습니다.

" 사업이 잘 안 되고 있습니다. 어떻게 해야 할지 모르겠습니다. "

↳ 사업에 있어 준비와 계획이 부족했군요. 체계적인 계획을 세워야 함은 물론 주변 상황을 잘 살펴 대처한다면 해결될 수 있습니다.

힐링을 위한 NLP상담 01
## 어린 자아의 상처 치유

" 나는 높은 곳에 못 올라가…. 고층 아파트 엘리베이터도 못 타….
올라가려고 하면 식은땀이 나고 조금만 높은 곳에서 밑을 봐도 심장이 터질 것 같아.
나는 잘 모르겠는데 엄마 말씀으로는 아마 세 살 때 침대에서 떨어져서 그런 것 같대. "

" 나는 사람들 앞에 서면 자신이 없어.
아마도 초등학교 때 발표를 하다가 창피를 당해서 그런 것 같아. "

" 나는 여자 앞에만 서면 입이 안 떨어져.
아마도 중학교 때 좋아하는 여자애 앞에서 덜덜 떨어서 그런가 봐. "

" 나는 벌레를 보면 난리가 나.
아마 5살 때 벌레에게 물리고 나서 지금까지 그런가 봐…. "

우리는 일상생활 속의 대화 중에서 많은 마음 관련 문제 상황을 파악할 수 있다. 중요한 것은 어른이 되어서도 나타나는 이런 마음 관련 문제 상황 대부분이 어린 시절(과거)의 상처 때문이라는 것이다. 태어날 때 어린이의 모습은 천진난만하고 순수하며 흠도 티도 없이 외부의 어떤 것에도 구애받지 않는 자연의 상태이다. 그리고 그런 상태로 반응, 행동하는 것은 부모를 비롯하여 주변의 의미 있는 타인(Significant Others)들로부터 수용될 수 있다.

그러나 어린이가 성장할수록 그러한 인정과 수용은 조금씩 성인의 가치 기준에 따라 평가되고 판단된다. 어린이는 의미 있는 타인으로부터 인정받고자 하는 욕구가 있어서 자신의 진정한 느낌이나 욕구에 민감하거나 그것을 받아들이기보다는, 성인의 가치 기준에 자신을 맞추고자 하는 방향으로 나아가게 된다. 약간의 실수를 저지르더라도 성인의 엄격한 가치 기준에 합당하지 않는다는 것을 알고 수치심, 열등감, 죄책감, 낮은 자존감과 같은 부정적인 감정을 느끼게 된다. 이렇듯 어린이는 성장하는 동안 아직은 연약한 상태에 있고 인정 욕구가 늘 작용하기 때문에 성인들로부터 많은 상처를 받는다. 성인으로 성장해서도 유사한 상황이나 장면에 봉착하면 어릴 때 경험했던 그런 부정적인 감정이나 반응을 다시 보이게 되는 것이다.

TA(Transactional Analysis: 의사 거래 분석)상담 이론은 어버이 자아(Parent Ego), 어른 자아(Adult Ego), 어린이 자아(Child Ego)를 통해 위와 같은 상황을 잘 설명한다. 위에서의 어린이의 상태가 바로 어린이 자아이다. 어린이 자아는 단순히 어린이 시기만이 아니라 성인 시기에도 작용한다. 성인에게도 어린이와 같은 속성이 얼마든지 있기 때문이다. 그러한 성인의 어린이 모습, 그것은 "내적 어린이 자아(Inner Child)"라고 할 수 있다.

일반적으로는 내적 어린이 자아는 무의식 상태에 있기에 표면으로 쉽게 표출되지 않는다. 다만 자신의 의도와는 상관없이 내적 어린이 자아의 모습은 일상적인 반응이나 행동으로 나타난다. 그렇기에 우리는 그러한 외적인 표출을 통해 한 개인의 내적 어린이 자아를 짐작할 수 있다.

여러 가지 부정적인 감정과 행동은 부정적인 내적 어린이 상태로 살아가고 있음을 말하며, 이런 내적 어린이 자아 상태를 사랑하고 치유하는 것이 필요하다. 상처의 치유를 위해서는 두 가지 대상인 어버이 자아와 절대자가 필요하다.

첫째, 어버이 자아는 자신 속에 있는 어버이 자아의 모습, 특히 양육적 어버이 자아를 찾아낸다. 그렇게 찾아낸 어버이 자아가 내적인 어린이 자아를 사랑해 주고 관심으로 상처를 보듬고 어린이 자아가 지금보다 성장할 수 있도록 도와줄 수 있다.

둘째, 절대자란 하느님, 부처님, 종교 지도자 등과 같은 자신이 믿는 대상을 말한다. 치유에 있어서 상처를 이해하고 사랑해 주도록 하는 것이 중요하다.

# 1. THE MAGICIAN  마법사

| | |
|---|---|
| 뫼비우스의 띠(∞) | 무한함, 영원함 |
| 사각 테이블 | 세상, 현실, 세계 |
| 4개의 슈트 | 막대기(WANDS), 컵(CUPS), 검(SWORDS), 동전(PENTACLES), 세상만사 |
| 붉은 가운 | 열정적, 정열적 |
| 우로보로스 | 지혜로움, 현명함, 유능함, 슬기로움, 영원함 |
| 흰 백합 | 순수함, 순결함 |
| 붉은 장미 | 세속적, 현실적, 육체적 욕망 |
| 꽃밭의 많은 꽃 | 주변에 사람이 많음 |
| 노란색 | 긍정적 에너지, 지혜 |
| 장미 덩굴 | 욕망이 너무 강해 원활하지 못함 |
| 하늘 높이 올린 지팡이 | 창조적 능력 |
| 하늘을 향한 손 | 신의 은총, 신의 능력 |
| 땅을 향한 손 | 땅의 은혜 |

## 타로카드 이미지

이 카드의 주인공 THE MAGICIAN(마법사)의 머리 위에 무한대를 나타내는 기호(∞)가 자리하고 있다. 붉은색 가운을 걸치고 있으며, 오른손으로 홀(막대기, 지팡이)을 하늘 향해 높이 들고 있으며, 왼손은 땅을 향하고 있다. 자세히 살펴보면 허리에는 뱀(우로보로스)이 자신의 꼬리를 물고 있다. 아래쪽에는 많은 흰 백합과 붉은 장미가 어우러져 있으며, 위쪽으로는 장미 넝쿨이 풍성하다.

사각형의 탁자 위에는 막대기(WANDS), 컵(CUPS), 검(SWORDS), 동전(PENTACLES)이 놓여 있다. 전체적으로 바탕색이 노란색으로 이루어져 있다.

## 타로 길라잡이

어떤 상황에서든 용감하고 능력 있어 보이는 주인공 THE MAGICIAN(마법사)의 머리 위에 무한대를 나타내는 기호(∞)는 주인공이 창조적 능력이 있음을 의미하는 카드이다. 특히, 하늘을 향한 오른손과 땅을 향한 왼손은 신으로부터 받은 힘을 땅으로 전달하여 중화시킬 수 있는 능력이 있음을 의미한다.

사각형의 탁자는 우리의 세상을 의미하고 그 위에 펼쳐진 막대기(WANDS), 컵(CUPS), 검(SWORDS), 동전(PENTACLES)은 세상만사, 즉 세상에서 일어나는 모든 일을 의미한다.

> TIP 1. THE MAGICIAN(마법사)은 창조적이고, 유능하며, 융통성도 있고, 모든 일에 능수능란하다. 또한, 주변에 사람이 많이 따르며 그러다 보니 저절로 연애능력도 발휘되고 안 좋은 것을 좋은 것으로 변화시킬 수 있는 창조적 능력자이다. 주의할 점은 이런 창조적 능력을 남용하게 된다면 남을 속이는 일이 생기게 되고, 진행하는 일을 그르칠 수 있으니 조심해야 한다.

## 파워 리딩

창조적 능력을 소유하고 있다    독창적이다    전문가적 자질이 있다
탁월한 의사소통 능력이 있다    다재다능하다    영리하고 냉철하며 분석적이다
어떤 상황에서도 멋지게 변화시킬 수 있다    거짓말과 사기꾼 기질에 유의하라

" 지금 남자 친구가 취업 준비 중입니다. 어떻게 될까요? "

↳ 남자 친구는 능력이 탁월한 사람입니다. 합격에 필요한 모든 것을 철저히 준비했고, 능력을 발휘한다면 취업할 수 있을 것입니다.

" 이번에 이직한 회사의 사장님은 어떤 사람인가요? "

↳ 회사 사장님은 창조적인 능력이 탁월한 사람입니다. 또한, 일에 대한 열정도 대단한 사람이며, 주위에 직원들과 협력 업체 사람들 등과의 관계

도 잘 관리하는 능력이 있는 사람입니다.

" 나는 고양이를 안고 있으면 포근하고 따스하고 편안해져서 참 좋아.
그런데 말이야, 웃을지도 모르겠는데 재미있는 이야기 해줄까?
갑자기 고양이가 야옹거리며 꼬리를 세우면 얼른 내려놓고 내 방으로 도망가.
갑작스럽게 가슴이 쿵쿵거리고, 온몸에서 열이 나서 말이야…. "

사람은 시각(V: Visual), 청각(A: Auditory), 신체감각(K: Kinesthetic), 미각(G: Gustatory), 후각(O: Olfactory) 즉, 오감을 통해 대상을 인식한다. 그 오감 중에서도 시각, 청각, 신체감각(후각과 미각 포함을 포함하여 신체감각이라 함)이 중요한 역할을 담당하며 이를 주요 3대 감각이라 한다. 감각은 다시 더 작은 감각으로 세분할 수 있는데 이를 하위양식이라 한다. 예를 들면 영화의 한 장면을 보더라도 그 장면의 움직임, 색상, 음영, 청각적 요소 등이 모두 포함되어 있는 것처럼 이를 가리켜 감각의 하위양식이라 한다.

하위양식은 우리가 어떻게 내부표상체계(IR: Internal Representation) 내에 의미를 입력하고 부여하는가와 관련된다. 특정 감각 양식에 있어서 하위양식이 바뀌면 그것으로 구성되는 감각 양식 또한 바뀌면서 내부표상체계의 의미 변화로 연결된다. 아울러 그것에 의해 만들어지는 마음이 바뀌는 효과가 발휘된다.

뱀 공포가 있는 사람을 예로 들어보자. 어떤 사람은 뱀의 눈이 무서워 공포를 느끼고, 어떤 사람은 뱀의 날름거리는 혀 때문에 공포를 느낀다. 또 어떤 사람은 뱀이 '휙' 하고 지나가는 소리에 공포를 느끼고, 또 다른 사람은 자신을 스쳐 간 뱀의 비늘을 느끼며 공포를 느낀다.

여기에는 숨겨져 있는 참으로 중요한 요인들이 있다. 뱀의 눈이나 혀가 무서워 공포를 느끼는 사람은 뱀의 눈이나 혀를 보았기 때문에 공포를 느끼는 것이고, 뱀이 '휙'하고 지나가는 소리에 공포를 느끼는 사람은 그러한 소리를 들었기 때문에 공포를 느끼는 것이다. 자신을 스쳐 간 뱀의 비늘에 공포를 느끼는 사람은 비늘의 감각을 느꼈기에 공포를 느끼는 것이다. 한마디로 뱀의 눈을 무서워하는 사람은 자신이 경험한 적 없는 뱀이 지나가는 소리나 비늘의 감각에 공포를 느끼지 않는다는 것이다.

사람은 저마다 민감한 감각을 지니고 외부세계를 경험하기 때문에, 감각의 하위양식은 그 사람과 어떤 사건에 대한 내부표상체계를 구성하는 기본이다. 그래서 감각의 하위요소를 변경하여 내부표상체계를 변화시킬 수 있고, 그 변화는 그 사람이 경험한 세계의 모습을 변화시키게 된다. NLP에서 하위양식의 사용 목적은 바로 내담자의 내부표상체계를 변화시켜 내담자의 문제를 제거하는 데 있다.

주요 3대 감각(시각, 청각, 신체감각)의 하위양식은 다음과 같이 구분할 수 있다.

| | |
|---|---|
| 시각 하위양식 | 연합/분리, 흑/백, 틀/전경, 밝음/어두움, 선명함/흐릿함, 정지/동영상, 원(遠)/근(近), 빠르고/느림, 입체/평면 등 |
| 청각 하위양식 | 모노/스테레오, 빠르고/느림, 내부/외부, 고/저 등 |
| 신체감각 하위양식 | 온(溫)/냉(冷), 단단함/연함, 부드러움/거침, 무거움/가벼움 등 |

하위양식과 관련된 주요 NLP상담기법으로 대조분석법(Contrastive Analysis)과 비교 수정법(Mapping Across)을 들 수 있다.

먼저, 대조분석법(Contrastive Analysis)은 서로 다른 두 가지 대상물이나 경험의 하위양식을 대조하여 비교 분석함으로써 그 둘이 서로 다름을 보여 주거나 알 수 있게 하여 결정적으로 차이 나는 하위양식 즉, 결정요인(Driver)을 찾아내는 것을 말한다.

여기에서 결정요인이란 두 종류의 하위양식(ex. 좋아하는 음식과 싫어하는 음식을 비

<sup>교할 때 알 수 있는 두 종류의 하위양식)</sup>에 있어서 근본적인 차이를 결정짓거나 근본적인 차이가 나게 하는 결정적 하위양식(Critical Submodalities)을 말한다. 이 경우에는 겉으로는 비슷한 대상물을 비교해야 더욱 효과적이다.

대표적인 예로 커피(좋아하는 식품)와 까나리액젓(싫어하는 식품)의 비교, 소주(좋아하는 음료수)와 소금물(싫어하는 음료수)의 비교, 수정과(좋아하는 음료수)와 소변(혐오하는 대상물)의 비교 등을 들 수 있다.

비교수정법(Mapping Across)은 대조분석법을 통하여 결정요인을 찾아내고, 한 대상물의 내부표상체계(IR)의 하위양식 차원을 다른 대상물의 하위양식 차원으로 바꾸는 기법을 말한다. 예를 들면 커피(좋아하는 식품)의 하위양식을 까나리액젓(싫어하는 식품)의 하위양식으로 바꾸게 되면 커피를 좋아하지 않게 된다.

> **TIP** 저자의 경우 대부분 NLP상담 및 시연에서 많은 큰 성공적인 결과를 가져오지만, 특히, 이 하위양식 변화기법은 지금까지 상담해 온 모든 내담자에게 효과를 본 NLP상담기법이다.

| | |
|---|---|
| 보름달 | 직관력의 완성 |
| 초승달 | 직관적 힘 |
| B(BOAZ) | 검은 기둥, 성전의 왼쪽 또는 북쪽에 위치함, 부정, 어둠, 거짓, 육체적 |
| J(JACHIN) | 흰 기둥, 성전의 오른쪽 또는 남쪽에 위치함, 긍정, 밝음, 진실, 정신적 |
| 파란색 베일 옷 | 직관력, 지혜, 무의식, 힐링, 정화 |
| 바다 | 정화, 인생의 흐름 |
| 두루마리(TORA) | 숨겨진 비밀 |
| 석류 | 다산, 탄생과 죽음 |

## 타로카드 이미지

검은 기둥과 흰 기둥 사이에 주인공 THE HIGH PRIESTESS(고위 여사제)가 머리에 보름달이 그려진 하얀 왕관을 쓰고 초승달을 발밑에 두고 있다. 주인공의 등 뒤에는 석류가 그려진 베일이 쳐 있고, 그 뒤에는 바다가 보인다. 주인공의 가슴에는 십자가가 있고, 손에는 'TORA'라는 글씨가 쓰인 두루마리를 안고 있다. 흰옷 위에는 파란색 옷을 두르고 있다.

## 타로 길라잡이

2. THE HIGH PRIESTESS(고위 여사제) 카드는 신비스럽고 직관력이 뛰어난 카드이며 이중성을 갖고 있는 카드이다. 지혜롭고 무엇인가 비밀스러운 모습의 주인공 2. THE HIGH PRIESTESS(고위 여사제)가 어둠, 직관을 의미하는 검은 기둥(BOAZ)과 밝음과 이성을 의미하는 흰 기둥(JACHIN) 사이에 파란색 옷을 두르고 앉아 있음은 음양의 조화를 잘 맞추고 있음을 의미한다. 또, 주인공은 비밀스러운 법률, 자연의 순리를 의미하는 토라(TORA)를 안고 있다.

2. THE HIGH PRIESTESS(고위 여사제) 카드는 상대의 겉모습만 보고 판단해서는 안 된다. 상대가 겉은 차갑고 냉정하더라도 속은 나를 생각하고 위할 수 있다는 이중성을 내포하고 있다. 속에 있는 많은 것을 겉으로 잘 표현하지 않으며 정신적 사랑을 추구하는 카드로, 사랑을 한다면 짝사랑으로 끝날 수도 있다.

## 파워 리딩

지혜로운 사람이다　정신적 관계를 원한다　함부로 말을 하지 않는다
비밀이 있고 잘 파악하기 어렵다　육감이 빠르고 직관적이다
속에 숨기는 것이 있다　주위와 조화를 잘 이룬다　이중적이다

**" 어떤 직업을 선택해야 할까요? "**

↳ 지혜롭고 차분하며 주변 상황을 현명하게 잘 조화를 이룰 수 있는 분이군요. 학자, 교수, 연구직, 상담사, 종교인 등이 적합할 것 같습니다. 개인 사업은 하지 않는 것이 좋겠습니다.

**" 지금 만나고 있는 여자 친구와 진도가 잘 나가지 않습니다.
결혼을 할 수 있을까요? "**

↳ 이 여자분은 정신적인 사랑을 더 원합니다. 내성적이고 자존심도 강합니다. 이것을 모두 이해하고 정신적 충만을 이루지 못한다면 결혼하기가 쉽지 않을 것 같습니다.

---

힐링을 위한 NLP상담 03
### 마음통합을 위한 분아통합기법(Parts Integration)

**" 이 책의 이 부분을 지금 읽을까? 잠시 후에 읽을까? "**

**" 이 TV 프로그램을 시청할까? 저 프로그램을 시청할까? "**

**" 오늘 점심은 짬뽕을 먹을까? 짜장면을 먹을까? "**

## " 이사 갈까? 그냥 여기서 계속 살까? "

우리는 매일, 아니 지금 이 순간에도 선택의 기로에 서 있다. 마음의 갈등을 가진 채 말이다. 이런 마음의 갈등(분리)이 심화되면 우리는 에너지를 크게 소비하게 되고 점점 지치게 되며, 심지어는 심신에 문제가 생겨 큰 혼란을 겪는다. 이런 마음의 갈등(분리)이 심화되어 문제 상황이 생기는 경우에 흔히 사용하는 분아통합기법(Parts Integration)을 소개하고자 한다.

### [ 분아통합기법(Parts Integration) ]

1 내담자가 갈등하고 있는 문제와 관련된 분아(Parts)를 확인한다. 즉, 분아를 명확하게 확인하고 갈등의 본질을 이해한다. 내담자로 하여금 바라지 않는 상태나 행동을 대표하는 분아(A)를 한쪽 손 위에 먼저 올려놓도록 한다. "당신의 A분아와 대화를 할 수 있을지 모르겠습니다. 당신의 분아가 어느 손 위에 위치하면 좋을까요?" 반대 분아(B)가 나오게 하고 다른 쪽 손 위에 올려놓도록 한다. "자, 이제 A분아와 반대 입장에 있으면서 갈등에 있는 B분아와 대화할 수 있을까요? 다른 쪽 손 위에 B분아가 위치할 수 있을까요?"

2 내담자로 하여금 각 분아가 손 위에 올라올 때 시각, 청각 등 오감의 이미지가 선명해질 수 있도록 한다. "이 분아는 어떻게 보일까요? 어떤 소리가 들리나요? 혹시 느낌이 느껴질까요(오감의 차원에서 세세한 이미지화가 더욱 효과적이다)?"

3 행동에서 의도를 분리한다. 각 분아에 관점바꾸기를 실시하고 상향유목화(Chunking Up, 6. THE LOVERS(연인)의 NLP상담 참고)를 통해서 각 분아는 결국 동일한 의도를 갖고 있음을 깨닫도록 해야 한다. "그렇게 하는 목적이나 의도가 무엇일까요?", "그렇게 하면 무엇이 나아지나요?", "무슨 목적으로…."

A분아 먼저 상향유목화를 시작하라. 이 경우에 긍정적인 의도에 해당하는 답이 나오도록 해야 한다. 그렇게 하는 동안에 내담자가 연합 상태에 이르도록 하라.

① 각 분아로 하여금 모두가 하나의 전체 속에 포함되는 부분이었음을 깨닫도록 한다.
② 전체에 포함되었던 다른 분아에게도 통합과정에 동참하도록 한다.

③ 각 분아는 다른 분아가 갖고 싶어 하는 어떤 자원이나 특성을 갖고 있는지 파악한다.

이 과정에서 내담자의 양쪽 손이 자동으로 가운데로 모여들 수도 있지만 그렇지 않을 때에는 다음과 같은 방법을 사용하면 더 효과적이다.

① 각 분아의 자원이 혼합된 이미지를 가진 제3의 분아를 시각화하라.
② 이 제3의 분아 이미지를 두 개의 이미지 사이에 두도록 하라.
③ 각 분아가 중앙 이미지로 바뀌는 모습을 보여주는 일련의 시각적 이미지를 만들게 하라.

두 손을 동시에 함께 모아서 가슴 쪽으로 붙이는 동안에 통합된 내적 이미지가 떠오르도록 하라. 통합된 분아를 가슴속으로 끌어들이고 그것이 가슴속에서 전체로 통합되도록 하라. 현재 시점에서 상황을 테스트해 보고 미래의 시점에서 긍정적인 변화를 점검, 확인해 본다.

# 3. THE EMPRESS  여왕

| 밀밭 | 실용적, 경제력 |
|------|--------------|
| 월계관 | 성공, 결실, 업적 |
| 폭포 | 생명력, 활동력, 남성적 |
| 진주 | 지혜, 인내, 평화, 여성적 |
| 하트 | 여성스러움, 현모양처 |
| 석류 | 다산, 풍요로움의 상징 |

**타로카드 이미지**

밀밭이 풍작을 말하듯 풍요로우며, 육각별이 달린 왕관과 월계관을 쓰고 여유롭고 풍요로운 모습이다. 그림 속 주인공 3. THE EMPRESS(여왕)는 홀을 들고 있다. 또한, 석류가 그려진 편안한 옷을 입고 안락한 소파(쿠션)에 앉아 있으며, 소파 밑에는 하트와 비너스의 상징(♀)이 놓여 있다. 뒤로는 푸르른 나무들과 줄기차게 흐르는 물줄기가 보인다. 전체적으로 풍요로움, 여유로움, 편안함이 느껴진다.

**타로 길라잡이**

THE EMPRESS(여왕)는 풍요로움과 편안함을 의미하는 카드로 의자 위 쿠션에 편안하게 기댄 아름다운 여성은 어느 하나 부족함이 없다. 전면으로는 풍요로움을 의미하는 밀밭을 소유하고 있고, 후면으로는 푸르름이 가득한 숲과 활동성, 생명력을 의미하는 폭포(강)가 힘차게 흐르고 있다. 또한, 다산과 풍요로움을 의미하는 석류를 바탕으로 한 편안한 옷을 입고 있으며, 최고의 권력, 권위를 상징하는 홀과 왕관, 그리고 승리와 성공적 결실을 의미하는 월계관을 쓰고 있다. 이 여성은 보이는 것처럼 소유한 것이 넘쳐나며, 게다가 아름다움까지 겸비하고 있어 소위 남성들이 소망하는 그런 여성이다.

> TIP  3. THE EMPRESS(여왕)는 말과 행동이 똑같아 믿음이 가는 사람으로 마음도 넓고 인정도 있다. 이중성을 가지고 있는 2. THE HIGH PRIESTESS(고위 여사제)와 큰 차이가 있다.

### 파워 리딩

풍요롭다   여유롭다   넉넉하다   성공적이다   열정적이다   만족스럽다
임신   출산   사랑스럽고 아름답다(질문의 답변으로 보통, "현재보다 개선되고 긍정적으로 변화된다")

" 지금 만나고 있는 여자 친구는 어떤 사람일까요? "

↳ 아름답고 여유가 있습니다. 또한, 모성적 심성을 가지고 있어서 따뜻하고, 경제적 능력도 발휘할 수 있는 사람입니다.

" 새로운 공부를 시작하려 합니다. 어떻게 될까요? "

↳ 아무 걱정하지 말고 열심히 노력하세요. 그러면 능력을 발휘해서 충분히 합격할 수 있을 것입니다. 또한, 그로 인해 경제적 풍요로움도 얻을 수 있게 될 것입니다.

## 힐링을 위한 NLP상담 04
## 행복을 위한 앵커링(Anchoring)

" 난 초등학교에 입학하던 때를 잊을 수가 없어. 할아버지, 할머니께서
'우리 강아지'라고 하시며 나를 안아 주시는데 그 포근한 느낌, 할아버지와 할머니의
향긋한 냄새와 환한 미소, 주변에서 그 모습을 보시며 기뻐하시는 우리 부모님….
그때, 그 시절로 돌아간다면 내 인생에서 가장 최고의 행복을 느낄 것 같아. "

우리는 인생을 살아가면서 가장 행복하고, 가장 기쁘고, 가장 즐거웠던 추억을 마음에 담고 있다. 학창 시절 친구들과 마음껏 뛰어놀면서 동고동락했던 순간들이 그리운 추억처럼 마음에 떠오를 수도 있고, 지금은 돌아가신 부모님과 함께 다녀온 행복했던 여행을 다시 한번 경험해 볼 수 있으면 좋겠다는 아쉬움을 마음속 깊이 담아두고 살아가기도 한다. 또한, 어떤 시험을 준비하면서 과거 다른 시험에 합격했을 때를 그리워할 수 있고, 수백 명이 참가하는 공식 석상에서 발표할 때, 학창 시절에 당당하게 실장으로 당선되었던 때가 다시 재현되길 희망하기도 한다.

이런 상태들을 내가 주먹을 꽉 쥐는 등의 간단한 방법을 통해 내가 원하는 시간, 원하는 장소에서 다시 느껴 볼 수 있다면 어떨까? 바로 이런 경우에 사용할 수 있는 아주 놀라운 기법이 바로 앵커링(Anchoring)기법이다. 즉, 이 기법은 과거 학창 시절에 멋있게 남들의 부러움을 사며 실장으로 당선되었던 때의 감정 상태를 마음속에 고정하여, 현재 수백 명이 참가하는 공식 석상에서 발표할 때 그 감정을 다시 불러와 불안, 공포, 두려움을 없애고 성공적으로 발표를 마무리할 수 있게 하는 방법이다.

이 앵커링(Anchoring)을 살펴보기 위해서 먼저 앵커(Anchor)에 대해 알아야 한다. 앵커(Anchor)란 우리가 어떤 자극에 노출됐을 시 일관된 정서적 반응을 불러일으키고, 우리의 상태를 변화시키는 조건을 형성하는 감각적 자극의 자원을 말한다. 바로 그러한 조건의 감각을 만드는 것이 앵커링(Anchoring)이다. 이 앵커(Anchor)의 종류는 감각 양식에 따라 구분하는 방법과 성질에 따라 구분하는 방법이 있다.

감각 양식에 따른 구분은 시각적 앵커, 청각적 앵커, 신체감각적 앵커, 후각 및 미각적 앵커로 나눌 수 있다.

이 중, 시각적 앵커는 사랑했던 사람의 표정, 넓게 펼쳐진 푸르른 바다, 십자가나 부처 등의 종교와 연관된 상징물 등이 사용될 수 있다. 청각적 앵커는 좋아했던 음악, 멜로디, 특정한 소리(목소리) 등이 사용될 수 있고, 신체 감각적 앵커는 외적 감각 자극을 주는 자극으로 엄마의 포근한 품속, 따스한 손길 등이 사용될 수 있다. 후각 및 미각적 앵커는 좋아하는 향수 냄새, 그리운 어머니의 요리 냄새, 좋아했던 꽃향기, 사랑하는 사람의 냄새 등으로 세분하여 사용할 수 있다.

성질에 따른 구분은 긍정적 앵커, 부정적 앵커, 중립적 앵커로 나눌 수 있다.

이 중, 긍정적 앵커는 긍정적인 경험과 관련된 앵커로, 우리 마음의 내부를 행복하게 만드는 만족감, 자신감, 성취감 등의 긍정적인 기분 상태와 발전적인 에너지를 불러온다. 그래서 긍정적 앵커는 인생을 행복하게 만들고, 긍정적인 방향으로 이끄는 자원이 된다. 이와 반대로, 부정적 앵커는 부정적인 경험과 관련된 앵커로, 마음 내부를 부정적으로 만드는 실망감, 좌절감, 분노, 의욕 상실 등의 부정적인 기분 상태와 발전을 저해하는 에너지를 불러온다. 중립적 앵커는 긍정과 부정의 어떤 특정 반응에도 반응이 유발되지 않는 앵커를 말하며, 주로 세월이 오래된 과거의 것일 수도 있고, 무관심 속에 방치된 감정일 수도 있다.

---

[ 앵커링(Anchoring) ]

1 긍정적 경험(자신감, 행복감, 사랑, 기쁨, 만족)을 떠올리고 그것을 최대로 연합(Association)하도록 한다. 충분한 연합이 이루어졌다고 판단될 때 앵커링을 시도한다. 이때 과거 경험 중에서 아주 만족스럽고 자원이 풍부한(Resourceful) 순간을 한 가지 선택하게 하고, 내담자가 그 상태를 설명하게 한다.

2 긍정적 경험을 아주 생생하게 오감을 통하여 경험하게 한다(필요하면, 구체적인 질문으로 시각, 청각, 후각, 미각 그리고 내부 대화까지 확인한다).

3 부정적 경험을 확인한다(필요하다면 경험한 시각과 장소를 확인하고 그 경험을 연합하도록 한다). 이 상태에서 구체적인 신체감각 반응을 떠올리도록 한다. 내담자가 경험의 과

정을 말할 때 캘리브레이션(관측)하며 자세히 관찰하여 상태를 확인한다.

4 앵커링 신호를 검증하고 그 결과를 확인한다. 이를 위해 경험이 절정에 도달하기 직전이라고 판단될 때 앵커를 한다.

5 긍정적 경험에 대한 앵커링을 다시 시도하고 그것을 부정적 경험 상태와 혼합시킨다.

6 두 개의 경험이 혼합되어 붕괴될 때 긍정적 경험에 대한 앵커링을 다시 시도한다.

7 처음의 부정적 경험으로 돌아가서 그것이 긍정적으로 변하는지 아니면 최소화되었는지를 확인하고 필요하다면 추가적으로 긍정적인 경험을 더 활용한다. 내담자의 상태를 살펴 가며 같은 경험이 일어나는지 확인해 본다. 만일 앵커의 효과가 나타나지 않으면 2~3회 반복하여 확실하게 앵커가 될 때까지 반복한다(주의: 효과가 미흡할 경우 긍정적 경험, 부정적 경험이 잘 선택되었는지, 위 과정이 잘 진행되었는지 점검할 필요가 있다).

마음속의 잠재의식은 무한한 정보, 자원의 저장 창고이다. 이 잠재의식은 우리의 여러 긍정적 변화를 위한 모든 자원을 저장하고 있고, 우리가 그 자원을 사용할 수 있는 방법만 알고 잘 활용할 수 있다면 획기적인 변화를 이끌 수 있다.

| 숫양 | 불굴의 의지와 용기, 독단적, 강인함 |
|---|---|
| 돌산 | 야망, 포부, 목표 |
| 왕관 | 권위 |
| 흰 머리, 수염 | 연륜 있는, 경험이 풍부한 |
| 돌 왕좌 | 권위, 위엄 있는 |

### 타로카드 이미지

수염이 더부룩한 한 남성이 오른손에는 홀(앙크 십자가)을 들고 있고 왼손에는 보주를 들고 있다. 4. THE EMPEROR(황제)가 앉아 있는 옥좌에는 숫양의 머리가 장식되어 있고 그가 쓰고 있는 왕관은 보석으로 장식되어 있다. 그의 붉은 겉옷 속에는 갑옷이 보인다. 주위는 온통 돌 바위산으로 되어 있고, 그의 뒤로는 작은 실개천이 흐르고 있다.

### 타로 길라잡이

4. THE EMPEROR(황제)는 권위, 리더십, 강한 의지를 의미한다. 위엄 있고, 권위 있어 보이는 주인공 THE EMPEROR(황제)가 돌 왕좌에 앉아 있다. 주위의 돌산에서 황제의 강인한 야망을 엿볼 수 있다. 돌 왕좌만으로도 강인함을 느낄 수 있지만, 왕좌의 사방에 배치된 숫양은 그 강인함과 독단적인 힘에 의미를 더한다. 또한, 하얀 머리와 수염에서 그의 연륜과 경험을 느낄 수 있다.

3. THE EMPRESS(여왕)에서 보았던 것은 폭포(강)이지만 4. THE EMPEROR (황제)에는 왕좌 뒤로 조그만 실개천이 보인다. 이는 감정적인 부분(감성)보다 합리적인 부분(이성)을 강조한다는 것을 의미한다. 황제는 사람들이 현명하고 사리분별을 잘하고, 사회의 규칙이나 규범을 따를 것을 기대하고 요구한다.

## 파워 리딩

권위적이다　힘이 있다　적극적이다　박력이 있다　지배적이다
강한 의지가 있어 성공한다　독불장군　고집이 세다　리더십이 있다

" 지금 만나고 있는 남자 친구는 어떤 사람인가요? "

↳ 지금 만나고 있는 남자 친구는 강인한 의지와 추진력이 있는 사람입니다. 하지만, 권위적이고 독단적일 수 있는 사람이기도 합니다.

" 시험공부가 잘 안 되고 있습니다. 이번 시험에 어떻게 될까요? "

↳ 강인한 의지를 가지고 주변 상황을 잘 살피며, 시험공부에 임하고 계시군요. 지금 이대로 열심히 노력한다면 좋은 성과가 있을 것입니다.

힐링을 위한 NLP상담 05
### 성공을 위한 의지를 통한 목표 설정

" 나는 매번 일을 제대로 추진한 적이 없어. "
" 이번 일을 꼭 해내야 할 텐데, 어떻게 해야 할지를 모르겠네. "

우리는 무엇인가를 꾸준히 성취하길 원하고, 노력한다. 하지만, 결과를 놓고 본다면 반성과 아쉬움만 가득 차게 된다. 이런 목표를 효율적으로 성취하려면 어떻게 하여야 할까?

성공적인 삶을 위해서는 삶의 순간에서 주체적으로 자신의 인생 목표를

설정하고, 성취해 가면서 궁극적으로 자아를 실현해 가는 것이 필요하다. 목표를 정확히 정하여 실행에 옮긴다면 아무리 어려운 목표라도 충분히 달성할 수 있다.

목표를 설정할 때 효율적으로 사용하는 방법으로 다음과 같은 각 단어의 첫 글자를 딴 'SMART의 원리'가 있다.

| 핵심어 | 세부 내용 | 나만의 목표를 설정해 보자! |
|---|---|---|
| S<br>(구체성) | Simple<br>Specific | 단순하면서도 구체적인 목표를 설정한다 (ex. 수학 문제를 2개 더 맞춘다). |
| M<br>(측정 가능성) | Measurable<br>Meaningful to you | 의미 있고, 성취 정도를 측정할 수 있도록 목표를 설정한다(ex. 내가 원하는 대학진학을 위해서 수학 내신 성적을 1등급 올리는 것이 필요하다). |
| A<br>(성취 가능성) | As if<br>Achievable<br>All areas of your life | 삶 속에서 내가 성취 가능한 목표인지를 확인하는 것이 중요하다(ex. 지금은 3시간 공부하지만, 자투리 시간을 활용해서 1시간을 더 확보할 수 있다). |
| R<br>(책임성) | Realistic<br>Responsible | 실제적이고 책임질 수 있는 목표가 설정되어야 한다(ex. 자투리 시간 1시간은 점심시간, 저녁 시간을 활용한다). |
| T<br>(시한성) | Timed<br>Toward what you want | 목표 시간을 설정하는 것이 필요하다. 일반적으로 기간이 짧아도 안 되고, 너무 길어도 목표 달성이 어렵다. 자신에게 적절한 기간을 설정하는 지혜가 필요하다(ex. 지금부터 1학기 기말고사 시험까지). |

SMART의 원리 또한 목표는 구체적으로 세우되, 측정할 수 있게, 성취할 수 있게, 책임감을 바탕으로 기간을 정할수록 달성이 더욱 수월하다. 또한, 변화를 성공적으로 이끌기 위해서는 현재 상태에서 그 목표를 달성하는 데 장애가 되는 걸림돌을 제거하고, 디딤돌을 놓아 주는 것이 필요하다. 걸림돌이란, 성장, 발달, 목표 달성, 자아실현을 달성하는 데 부정적으로 작용하는 성격, 행동, 자세 등을 말하고, 디딤돌이란 성장, 발달, 목표 달성, 자아실현을 달성하기 위해 긍정적으로 작용하는 성격, 행동, 자세 등을

말한다. 이런 걸림돌을 제거하고 디딤돌을 구축하는 NLP기법은 다음과 같다.

1 편안히 호흡하면서 눈을 감는다.

2 왼손을 펴서 가슴 높이로 들어 올리고, 목표를 이루는 데 걸림돌이 되는 것을 상상한다.

3 오른손을 펴서 가슴 높이로 들어 올리고, 목표를 이루는 데 디딤돌이 되는 것 2~3개를 차례대로 오감을 통해 상상한다.

4 왼손 위의 걸림돌들이 빛과 함께 없어지도록 한다.

5 왼손 위를 오른손이 덮고, 오른손 위에 디딤돌을 강렬하게 연합한다.

이제, 마지막으로 목표 설정을 위한 단계별 내용을 파악해 보기로 하자.

| 단계 | 내용 | 예시 |
|---|---|---|
| 1.<br>목표 진술 | 구체적으로, 실제 행동 차원에서 무엇을 하고 싶은지 긍정문으로 진술 | 올해 기말고사 때까지 수학 내신 등급 1등급을 올린다. |
| 2.<br>현재 상황 | 목표와 관련된 현재 상황 (부정적인 감정, 행동, 습관) 등을 구체적으로 진술 | 수학 3등급으로는 진학하고자 하는 대학 합격이 불투명하다.<br>· 내신 성적표의 수학 내신 성적을 볼 때마다 좌절감을 느낀다.<br>· 나보다 수학 내신 성적이 좋은 친구를 보면 열등감을 느끼고 화가 치민다. |
| 3.<br>결과 진술 | 현재 이루어진 것처럼 설득력 있게 구체적으로 실현 가능한 결과를 진술 | · 나의 성적표를 본 친구들이 놀라는 표정으로 바라본다. (시각)<br>· 어떻게 성적을 올렸는지 묻는 친구들의 소리를 듣는다. (청각)<br>· 성적표를 받아든 손에서 강한 에너지가 느껴진다. (신체감각)<br>· 이제 원하는 대학에 진학할 수 있다는 마음의 소리가 들린다. (내부언어) |

| 4. 증거 제시 | 목표를 성취했을 때, 그것을 확인해 줄 수 있는 구체적인 증거 제시 | · 수학 내신성적이 1등급 올라간 기말고사 성적표<br>· 성적표를 들고 미소 짓는 컬러 사진 |
|---|---|---|
| 5. 생태 확인 | 목표 달성 시 긍정적인 (얻는) 것과 부정적인(잃는) 것 확인 | · 긍정적인 것(얻은 것): 자신감, 자랑스러움, 행복감, 뿌듯함, 성공<br>· 부정적인 것(잃는 것): 짜증, 열등감, 화남 |

# 5. THE HIEROPHANT  교황

| 삼중 십자가, 삼중 관 | 기독교의 삼위일체, 교황의 권위 |
| --- | --- |
| 열쇠 | 문제를 해결해 주는 힘 |
| 기둥 | 전통 |
| 붉은 장미 | 열정, 물질적 요소 |
| 백합 | 순수, 정신적 요소 |
| 열쇠 | 숨겨진 교리, 문제 해결책 |

### 타로카드 이미지

양쪽 회색 기둥 사이에 THE HIEROPHANT(교황)이 삼중 관을 쓰고, 왼손에 삼중 십자가를 들고 오른손은 들어 올리는 동작을 취하고 있다. 교황의 가슴에는 십자가 세 개가 그려져 있다. 교황의 앞쪽에는 두 개의 열쇠가 놓여 있고, 장미와 백합이 그려진 옷을 입고 있는 두 사람이 교황을 바라보며 서 있다.

### 타로 길라잡이

5. THE HIEROPHANT(교황)는 솔직한 조언을 받을 수 있는 사람, 조언(자)을 의미하며 카드에서 보이는 것처럼 교황은 지혜롭고 현명한 조언자이며 도덕적이고, 전통을 준수한다는 의미를 갖는다. 하지만, 카드에서 보이듯 교황은 반드시 나이가 많이 든 사람인 것은 아니다. 삼중 십자가, 삼중 관은 삼위일체를 의미하며, 교황이 권위가 있음을 의미한다.

> TIP 4. THE EMPEROR(황제)가 물질적인 도움을 주는 조력자라면, 5. THE HIEROPHANT(교황)는 정신적인 도움을 주는 조언자라 할 수 있다.

**파워 리딩**

지혜로운 사람   원리원칙 중시   전통 중시   중요한 조언을 받을 수 있는 사람
영적인 것과 세속적인 것을 모두 갖춘 사람   교육자   중재(개)하다

" 직업을 선택하려 합니다. 벤처 사업과 공무원(교사) 중 어느 것이 적합할까요? "

↳ 새로운 아이디어를 발휘하는 사업보다 안정적인 공무원(교사)이 더 적합합니다.

" 저의 인생 문제를 위해 어떻게 해야 할까요? "

↳ 믿을 수 있는 분들의 조언이 필요합니다. 학교에서는 선생님이나 교수님, 종교적으로는 신부님, 목사님, 스님 등의 도움을 받는 것이 좋겠습니다.

---

힐링을 위한 NLP상담 06
### 지혜 발휘를 위한 눈동자 접근 단서(Eye Accessing Cues)

" 나는 그때 그 일을 회상하기 두렵습니다. "

" 나는 그 시간에 회사에서 일했습니다. "

" 10년 후 저는 최고의 법률 전문가가 되어 있을 겁니다. "

'눈은 마음의 거울'이라는 말이 있다. 특히 눈동자의 움직임(Eye Movement)은 마음의 상태 또는 내부표상(IR)을 대변해 준다. 따라서 눈동자의 움직임을 관찰하고, 계측할 수 있다면, 많은 정보를 얻게 되어 내담자와 라포를 형성하거나, 상담자의 의도대로 내담자를 이끄는(Leading) 작업에 커다란 도움이 될 수 있다.

상담자가 내담자의 눈동자 움직임을 관찰하여, 내담자의 내부표상체계

나 내면의 상태를 파악하는 기법을 눈동자 접근 단서(Eye Accessing Cues)라 한다. 이러한 눈동자 접근 단서는 모든 사람에게 동일하게 나타나는 것은 아니기에, 모든 사람에게 일반화해서는 안 되며, 부단한 연습을 통하여 경험을 축적하는 것이 중요하다. 또한, 눈동자의 움직임은 순간적인 움직임으로 예리한 관찰이 필요하다.

> TIP 학교에서 선생님이 학생과 상담을 하며 대화를 할 때나 경찰서에서 경찰과 용의자가 대화할 때, 당시의 알리바이를 확인할 때 눈동자가 오른쪽 위로 올라간다면 그것은 실제 있었던 일을 회상하는 것이 아니라 상황을 만들어 이야기하고 있을 확률이 높다는 것!

**[ 눈동자 접근 단서(Eye Accessing Cues) ]**

**1 V$^c$ 구성 시각**(Visual constructed) 👁👁

경험이 없는 시각적인 이미지를 만들어 떠올리면, 눈동자는 오른쪽 위로 올라간다.

ex. "책상에 빨간색 페인트를 칠하면 어떨까요?"

**2 V$^r$ 회상 시각**(Visual remembered) 👁👁

과거에 경험한 기억을 되살려서 시각적인 이미지를 떠올리면 눈동자는 왼쪽 위로 올라간다.

ex. "초등학교 6학년 담임 선생님 얼굴이 기억나나요?"

**3 A$^c$ 구성 청각**(Auditory constructed) 👁👁

한 번도 들어보지 못한 소리를 상상하면 눈동자는 중앙 오른쪽으로 움직인다.

ex. "피타고라스의 목소리는 어떨 것 같은가요?"

**4 A$^r$ 회상 청각**(Auditory remembered) 👁👁

과거에 들어 본 소리를 기억하여 회상하면 눈동자는 중앙 왼쪽으로 향한다.

ex. "초등학교 교가는 어떠했나요?"

**5 K 신체감각**(Kinesthetic Feeling) 👁👁

감정, 느낌, 신체적 촉감 등과 관련한 내용을 생각하면 눈동자는 오른쪽 아래로 향한다.

ex. "얼음물에 손을 넣으면 어떨까?"

## 6 A<sup>d</sup> 내부언어(Auditory Digital) ⬤ ⬤

마음속에서 어떤 내용을 생각하거나 혼잣말을 하면 눈동자는 왼쪽 아래로 향한다.

ex. "애국가 2절을 기억하나요?"

## 6. THE LOVERS  연인

| 라파엘 | 사랑, 지혜, 치유의 천사 |
|---|---|
| 뱀 | 사탄, 유혹 |
| 남성 | 아담, 인간다움, 지상의 삶 |
| 여성 | 이브, 감정적인, 영적인 삶 |
| 후광 | 아름다움, 도움 |
| 사과나무 | 지혜의 나무, 선악과나무 |
| 불꽃나무 | 열정, 정열, 생명의 나무 |

**타로카드 이미지**

두 그루의 나무 앞에 옷을 하나도 입지 않은 두 남녀가 서로를 향하여 서 있다. 구름 속에서 나타난 날개 달린 천사가 보라색 옷을 입고, 이들을 축복하듯 양팔을 벌리고 있다. 천사의 머리 위로는 태양이 강렬하게 후광(Halo)을 비추고 있다. 여자의 뒤에 있는 사과나무에는 뱀 한 마리가 유혹하듯 자리 잡고 있으며, 남자의 뒤에 있는 나무에는 불꽃이 보인다.

**타로 길라잡이**

6. THE LOVERS(연인)는 사랑, 선택을 의미하는 카드이다. 양팔을 벌리고 두 남녀를 축복하고 있는 천사는 사랑과 지혜와 치유의 천사로 불리고 있는 라파엘이다.

옷을 모두 벗고 있다는 것은 서로에게 숨김이 없고 진실하다는 것을 의미하며, 카드 속의 이미지는 태초의 에덴의 동산을 연상하게 한다. 남자는 여자를, 여자는 하늘을 보고 있다. 남자는 현실적 상황을, 여자는 감성적 상황을 중요시하는 모습으로 파악할 수 있다.

한편으로는 남자는 육체적 사랑을 여자는 정신적 사랑을 추구하며, 이 중 하나를 선택해야 하는 상황적 이미지일 수도 있다. 여자 뒤의 나무는 에덴의 동산에서 나오는 선악과나무로 파악할 수 있으며, 뱀은 이브를 유혹한 사탄으로 파악할 수 있다.

> TIP 정통 타로카드에서 6. THE LOVERS(연인)는 두 여인을 선택해야 하는 한 남자를 묘사하고 있다. 따라서, 이후의 카드에서도 6. THE LOVERS(연인)의 의미에 선택이라는 뜻이 포함된다.

### 파워 리딩

인연　사랑　결혼　아름다움　유혹　선택에 신중하라
감언이설에 유의하라　대인관계에 유의하라　관계(사랑)의 시작　성숙한 관계

" 지금 만나고 있는 사람은 진실한 사람인가요? "

↳ 지금 만나고 있는 분은 내담자에게 모든 것을 솔직하게 털어놓는 분입니다. 즉, 이중성이 없고 진실한 사람입니다.

" 남자 친구와 1년 전 헤어진 후, 아직 혼자입니다.
직장도 중요한데, 저에게 사랑이 찾아올까요? "

↳ 선택적 부분에 신중한 행동을 한다면 곧 사랑이 시작될 것입니다. 현실과 이상적인 부분에서의 선택을 신중히 해야겠군요.

힐링을 위한 NLP상담 07 - 변화를 위한 라포 형성하기 I
**청킹 업**(Chunking Up) **& 청킹 다운**(Chunking Down)

전국 각지에서 수십 명이 참석하는 상담 세미나 첫날, 첫 시간…. 고요한 적막이 흐른다. 그도 그럴 것이 누구 하나 서로 아는 사람이 없다. 첫 세미나가 끝나고 휴식 시간에 누군가가 스마트 폰을 꺼내 프로야구 경기를 시

청하며 A팀을 응원한다. 그 모습을 본 참석자 여러 명이 몰려들었고, 이들 중 특히, 두 명이 A팀을 함께 응원한다. 그 시간 이후, 이 세 명은 이 세미나에서 함께 즐거운 시간을 갖는 것은 물론, 세미나가 끝난 이후에도 서로 연락을 취하며 정기 모임을 하고 있다.

우리는 여기에서 중요한 사실을 하나 파악해 볼 필요가 있다. 왜 수십 명의 참석자 중에서 특히 이들 세 명이 짧은 시간에 친근감을 느끼며 공동의 관계를 형성하게 된 것일까? 그렇다. 바로 이들은 서로 간의 공통점을 찾을 수 있었다. 바로 프로야구를 좋아한다는 것과 더불어 A팀의 팬이라는 공통점을 가진 것이다. 우리의 상담 현장에서, 아니 우리의 일상에서 이런 관계를 형성한다는 것은 큰 의미를 갖는다.

변화의 핵심이 바로 라포(Rapport)의 형성이기 때문이다. 라포(Rapport)란, 상담자와 내담자 간에 형성되는 신뢰 관계, 협조 관계, 협응 관계 등을 의미하며 사람들은 서로 비슷하거나 공통점이 많을수록 공감대를 쉽게 형성하고 서로를 좋아하게 된다. 그러므로 상대방과 같은 요소를 많이 갖도록 하는 것이 라포 형성의 핵심이다.

또한, 효과적인 라포 형성 및 상대와의 커뮤니케이션을 위해 NLP에서 중요시되는 메타모델과 밀턴모델(19. THE SUN의 NLP상담 참고)에서 사용되는 유목화(Chunking, 청킹)를 파악해 볼 필요가 있다. 청크(Chunk)란, 덩어리, 부류, 그룹, 묶음 등을 말한다. 예를 들어 이 책을 읽는 독자를 교원과 비(非)교원, 남자와 여자 또는 기혼과 미혼 등의 두 청크로 나눌 수 있다.

커뮤니케이션 상황에서 말을 유목화하면 라포의 형성과 리딩(Leading)이 용이하다. 상대가 구체적인 상황이나 상세한 커뮤니케이션을 원하는 사람일 경우 청킹 업(Chunking Up)한 커뮤니케이션은 효과적인 방법이 되지 못한다. 바로 청킹 다운(Chunking Down)하여 상대방에게 맞추어 준다면 라포 형성은 물론 효과적인 커뮤니케이션을 이룰 수 있다. 여기에서 주의할 것은 무의식적인 작용을 이끄는 것이 중요하다는 것이다.

유목화(Chunking, 청킹)는 다음과 같이 구분할 수 있다.

1 **동급유목화**(Same chunk size): "이번 중간고사 학급 성적이 올랐습니다."
  → 맞아요, 이번 중간고사까지 예상대로 잘 되고 있다는 점에 동감입니다.

2 **상향유목화**(Chunking up): "이번 중간고사 학급 성적이 올랐습니다."
  → 맞아요, 이번 학기에는 목표 달성에 문제없습니다.

3 **하향유목화**(Chunking down): "이번 중간고사 학급 성적이 올랐습니다."
  → 특히, 지난달 학급 성적이 아주 높았어요.

구체적인 라포 형성을 위한 방법인 페이싱 & 리딩(Pacing & Leading)에 대해서는 17. THE STAR(별)에서 살펴보기로 하자.

| | |
|---|---|
| 초승달 | 직관, 여성적 |
| 월계관 | 승리 |
| 흰 스핑크스 | 자비, 사랑, 순수한 목적 |
| 검은 스핑크스 | 분노, 증오, 오염된 목적 |
| 날개 달린 원반 | 이집트 태양신 '라', 지배, 승리 |
| 바퀴 | 이동, 신적인 힘 |
| 머리의 별 | 신이 인정한 사람 |

### 타로카드 이미지

오른손에는 지팡이(홀)를 들고, 머리에는 월계관과 팔각별의 왕관을 쓴 젊은 남성이 당당하게 전차를 몰고 있다. 전차의 지붕에는 오각형, 육각형, 팔각형의 별들이 장식되어 있다. 7. THE CHARIOT(전차)의 주인공 양쪽 어깨에는 초승달 모양, 가슴에는 사각형 모양이 자리 잡고 있다. 저 멀리 성이 보이고, 강을 건너 이곳으로 온 것 같다. 전차의 정면에는 원반에 날개가 달려 있고 흰색과 검은색의 두 마리 스핑크스가 앞을 보고 있지만, 방향이 일치하지 않은 채로 앉아 있다.

### 타로 길라잡이

7. THE CHARIOT(전차)이라는 제목과 이미지에서 느낄 수 있듯이 당당하게 일을 추진하거나 행동력이 있음을 의미한다. 절대로 굴하지 않고 적극적으로 일을 추진하여 일을 완수, 성공할 수 있는 강인함을 느낄 수 있다. 두 스핑크스가 정면을 바라본다는 점에서 추구하는 목표가 동일하지만, 방향이 일치하지 않는 점에서 과정이나 방법상에서의 차이를 느낄 수 있다. 이

것을 주인공이 잘 조절하지 못한다면 전차는 움직이지 못하고 목적을 상실하게 될 것이다. 이것을 방지하기 위해서, 전략을 세워 일을 추진할 필요가 있음을 의미한다.

> **TIP** 일반적인 타로 리딩에서 말이나 이동수단, 바퀴의 이미지는 현재에 위치하는 것보다 이동하는 것이 더 긍정적임을 의미한다.

### 파워 리딩

강한 추진력   강한 의지   강한 자신감   진취적   목적을 향해 움직인다
행동을 취한다(활동적)   성공   승리   라이벌을 누른다   시험에서 합격한다

" 지금 아들이 시험 준비 중입니다. 어떻게 될까요? "

↳ 아드님은 추진력이 있고 적극적인 사람입니다. 시험에 적극적으로 임할 것이고, 경쟁자들을 누르고 좋은 결과를 얻을 것입니다.

" 사업이 시원찮습니다. 이곳에서 확장하는 것이 좋을까요?
이전하여 사업하는 것이 좋을까요? "

↳ 일을 적극적으로 추진하시는군요. 이전하여 사업하시면 더욱 큰 성과를 내실 수 있을 것입니다.

---

힐링을 위한 NLP상담 08
## 승리를 위한 전략(Strategies)

학창 시절 우리 모두를 괴롭혔던 것이 있다. 바로 시험! 일 년에 4번 치러지는 1학기 중간, 기말고사와 2학기 중간, 기말고사…. 대부분 사람이 그 시험에서 우수한 성적을 받기 위해 다른 학생들보다 더 나은 등급을 받기 위해 고심했던 경험이 있을 것이다.

전략이란, 특정한 성과를 효과적으로 달성하기 위해 내외적 경험이 특정한 방식으로 배열되는 경험의 구성을 말한다. 인간의 경험은 일련의 표상들이 끝없이 이어지는 결과이다. 목표를 성공적으로 달성하기 위해서는 때로는 그 과정 자체를 잠시 멈춘 채 그것을 성과의 맥락에서 분석해 보는 것이 좋다.

전략에는 우리가 행하는 모든 것들이 포함된다. 우리의 모든 일상적 활동들은 전략에 의해 발생하고 유지된다. 우리가 행하는 행위를 끝마치느냐 아니냐의 문제는 전략에 의해 통제된다. 우리가 사용할 수 있는 전략은 사랑, 결정, 동기, 긴장, 학습, 행복, 권태, 교사 역할, 섭식, 마케팅, 스포츠, 건강, 커뮤니케이션, 창의성 등 우리의 일상과 밀접한 관계를 지닌다.

전략 작업의 과정과 그 구성 요소는 다음과 같다.

| | |
|---|---|
| 1. 찾아내기(Discover) | 유도 질문을 통해서 개인의 전략을 찾아낸다. |
| 2. 활용(Utilization) | 전략이 유도된 순서와 계열에 따라 정보를 피드백함으로써 전략을 활용한다. |
| 3. 변경과 설계(Change & Design) | 바람직한 성과를 만들어낼 수 있도록 전략 설계를 포함하여, 전략을 변경시킨다. |
| 4. 설정(Installation) | 필요하다면 새로운 전략을 설정한다. |

전략 변경과 설계를 위해서는 먼저 현재의 전략을 변경하여 새롭게 설정하고자 하는 바람직한 전략인 목적 행동을 규정해야 한다. 이후 목표 행동에 따른 전략을 설계해야 한다.

예를 들어, 스마트 폰의 게임 아이템의 충동구매 문제로 고민하고 있다고 하자. 충동구매란 어떤 상품을 한 번 본 후에 심사숙고 없이 곧바로 그것을 구매하는 것을 말한다. 그 아이템이 자신에게 꼭 필요한 것인지, 지금 나의 형편에 가격은 적당한지, 지금 당장 구매해야 하는지에 대해서 생각하거나 비교 없이 그야말로 충동적으로 게임 아이템을 구매하는 것이다.

이런 문제는 학교폭력 등의 문제 상황으로 이어질 수 있으므로, 긍정적인 변화를 이끌어 낼 필요성이 있다.

일반적으로 이와 같은 게임 아이템의 충동구매 전략은 다음과 같다.

1 $V^E$      스마트 폰에서 게임 아이템을 본다.
2 K      구매하려고 하는 감각
3 B(Buy)      구매

그런데 게임 아이템의 충동구매에서 필요한 것은 바로 내부언어인 AD 라고 할 수 있다. 이것은 사고, 판단, 비판, 평가 역할을 수행한다. 그러므로 게임 아이템의 충동구매라는 습관을 바꾸기 위해서는 전략의 변경이 필요하고 그 변경을 위해서는 새로운 설계가 필요하다. 게임 아이템을 충동구매하는 문제를 해결하는 과정에서 새로운 전략을 설정하고자 한다면, 내부언어 AD의 역할이 필요하다. 다시 말해서 어떤 게임 아이템을 보는 순간 곧바로 갖고 싶은 충동, 구매하고 싶은 충동에 사로잡혀 곧바로 상품을 구매할 것이 아니라 상품을 본 순간, 논리적으로 생각하고 판단하는 과정이 필요한 것이다.

따라서 게임 아이템을 충동구매하는 패턴에서 벗어나서 새로운 패턴을 형성하기 위한 전략의 변경과 설계를 위해서는 상품을 본 후에 곧이어 내부언어 AD 기능을 발휘하는 기능을 삽입하는 것이 필요하다. 따라서, 게임 아이템을 충동구매하는 전략을 다음과 같이 변경하는 설계를 하는 것이 효과적일 것이다.

1 $V^E$      스마트 폰에서 게임 아이템을 본다.
2 $A^D$      논리적 판단, 분석적 사고
3 K      구매하려고 하는 감각
4 B(Buy)      구매

우리의 삶은 항상 이런 전략을 필요로 하고, 더 나은 변화를 추구하고 있다. 학교 현장에서 학생들의 발전적인 행동을 위해서도 꼭 필요한 과정이 아닐까 싶다.

## 8. STRENGTH  힘

| 무한대(∞) | 무한 능력, 영원성 |
|---|---|
| 화관 | 성공, 결과물 |
| 장미 덩굴 | 의식적 욕망이 강하여 무의식(잠재의식)이 발휘되지 못하는 |
| 사자 | 힘, 용기, 주변 문제 |
| 하얀색 | 순수, 진실, 초월 |

**타로카드 이미지**

머리 위에 무한대(∞)의 기호가 그려진 한 여성이 놀랍게도 (숫)사자를 애완견 다루듯 하고 있다. 하얀 옷을 입은 그녀의 행동과 표정에서 침착함, 편안함, 부드러움이 엿보이고 머리에 화관을 쓰고 허리에는 장미 덩굴이 매여 있다. 사자는 응석을 부리듯 혀를 날름거리며, 꼬리를 내리고 있다.

**타로 길라잡이**

이름만 보고는 언뜻 외부적인 힘을 생각하게 된다. 하지만, 카드의 이미지를 보는 순간 외적인 힘이라기보다는 내적인 자신감과 용기라는 것을 파악할 수 있다. 어려운 상황이지만 차분하고 당당하게, 인내를 가지고 용기 있는 행동을 하는 것이 문제를 해결하는 방법임을 알려 준다.

TIP  1. THE MAGICIAN(마법사)과 8. STRENGTH(힘)에 등장하는 주인공의 머리 위에는 무한대(∞) 표시가 있다. 이것은 외적인 능력보다는 내부적인, 정신적 능력이 탁월함을 의미한다. 7. THE CHARIOT(전차)이 외부적인 힘을 표현한다면 8. STRENGTH(힘)는 내적인 힘을 표현하고 있다.

용기  인내  개성의 힘  외유내강  지혜로움  강한 자신감  수용할 줄 아는

" 저의 남편이 지금 사업에 어려움을 겪고 있습니다. 어떻게 될까요? "

↳ 내담자분의 남편은 사막에 데려다 놓아도 살아나올 만큼 강인한 배짱
과 용기가 있습니다. 또한, 지혜로움을 발휘하여 문제를 잘 해결해 나갈
것입니다.

" 오늘 회사에서 동료와 다투었습니다.
계속 이런 다툼이 반복되는데 어떻게 해야 할까요? "

↳ 물리적인 방법으로만 해결하려고 생각하시고 계시는군요. 오히려 내면적
힘을 발휘하여 문제를 해결하려 한다면 쉽게 해결할 수 있을 것입니다.

## 힐링을 위한 NLP상담 09
## 자신감 증진을 위한 휘익(Swish)기법

수백, 수천 명의 관객이 모인 공연에서 자신감이 없다면 아무리 실력 있
는 가수라 하더라도 자신의 가창력을 100% 발휘하기 힘들 것이다. 학생회
장 선거에서 아무리 유창한 연습을 하였던 후보라도 본 선거 연설에서 잔
뜩 긴장하는 상황이라면, 그래서 덜덜 떨면서 연설을 한다면 그 결과가 과
연 어떨까? 자신감 없는 상황을 자신감 있는 상황으로 즉각적으로 전환한
다면 얼마나 좋을까?

휘익기법은 부적절한 습관이나 행동을 수정하거나 삭제하는 방법으로,
그 효과가 우수하며 짧은 시간에 변화를 이끄는 방법이다. 이 기법의 원리
는 부적절한 상태의 이미지를 긍정적인 이미지나 롤 모델 등의 이미지와
순간적으로 변화시켜 긍정적 이미지를 무의식 속에 각인하여 행동의 틀

(Frame)을 변화시키는 것이다.

휘익기법은 긍정적인 태도의 형성, 자신감 증진, 동기 유발, 자존감 향상 등 삶의 전 영역에서 건강한 삶을 영위할 수 있도록 돕는다.

[ 휘익(Swish)기법 ]

**1 사전 작업**

① 변화를 원하는 부정적인 감정이나 상황(A): 과거에 무능했던 일, 자신 없었던 일, 후회되거나 부끄러웠던 일, 미래에도 그렇게 될 것 같아 불안한 감정이나 상황 중 한 가지를 오감을 통해 깊게 생각하라.

② 긍정적인 자원(B): 과거에 자신감 있게, 성공적으로 문제를 해결한 모습을 생각하라. 그 모습을 오감의 차원에서 깊게 생각하고 느껴보라.

**2 본 작업**

① 편안히 눈을 감고 충분한 이완 상태를 유지한다. 변화를 원하는 부정적인 감정, 상황(A)을 생각하고 하위양식을 총동원하여 연합하라.

② 긍정적인 자원(B), 능력 있는 당신이 되어 실제로 유능한 상태에서 생각하고 느끼고 행동하는 것처럼 상상하고 그러한 느낌과 경험 속으로 연합하라.

③ B의 모습을 아주 작은 점으로 왼쪽의 하단에 위치시킨다. 하나, 둘, 셋과 함께 휘익(Swish)을 외치는 순간 그 점이 전체 화면으로 확대되어 당신의 눈앞에 확장된다. 3~4초 정도 밝게 웃으면서 말하고 행동하는 영상을 상상하고 연합함으로써 그의 상태를 생생하게 상상하고 느낀다.

④ 눈을 떴다가 감는다. 다시 하나, 둘, 셋과 함께 휘익(Swish)을 외치는 순간, 작은 점이 확대되어 전체 화면으로 변한다. 그리고 당신은 그 속에 연합함으로써 오감을 통해 경험하고 느껴보라. 얼마나 자신감이 있는 상태로 당당한 상태인지를 경험하라.

⑤ ④의 과정을 2~3회 반복 시행한다.

⑥ 부정적 감정, 상황이 여전히 남아 있다면, 부정적인 감정이 제거될 때까지, 부정적인 상황이 떠오르지 않을 때까지 반복한다.

본인이 의식하지 못하는 사이, 변화된 당신의 모습을 목격하게 될 것이다.

## 9. THE HERMIT　은둔자

| 등불 | 지혜, 현명함 |
|---|---|
| 지팡이 | 내면적 힘, 현자 |
| 설산 | 험난한 현실, 세상에 대한 신의 열정 |
| 회색 | 균형, 지성, 성숙, 깨달음, 무기력 |
| 수염 | 연륜, 풍부한 경험 |

### 타로카드 이미지

전반적인 이미지가 어둡고 침울하다. 주인공 9. THE HERMIT(은둔자)이 왼손에는 지팡이를 짚고, 오른손에는 육각형 모양의 별이 밝히는 등불에 의존하여 눈 덮인 산 위에 홀로 서 있다. 이것만으로도 암울한데, 회색의 옷과 모자를 쓰고 눈을 감고 있다.

### 타로 길라잡이

9. THE HERMIT(은둔자)은 생각이 많은, 고민하는, 일시 후퇴, 조언, 내적인 성찰을 의미한다. 왼손에 짚고 있는 지팡이와 입고 있는 회색의 옷은 주인공 THE HERMIT(은둔자)이 내적인 성찰, 자아 성찰의 시간을 갖는 현자라는 것을 알 수 있다. 또한, 주인공은 내적인 지혜와 경험이 풍부하여 다른 사람들을 도와주는 조언가의 위치에 있는 사람이다.

TIP　9. THE HERMIT(은둔자)은 무작정 세상을 등지고 살아가는 사람이 아니다. 자아 성찰이 이루어지면 이들은 다시 조언자의 위치로 돌아오게 된다.

**파워 리딩**

내적인 성찰   자아 성찰   생각이 많은   고민하는
일시 후퇴   조언   지혜   탐구   연구   신중한   철학적인

" 지금 유망한 사업 계약을 하려고 합니다. 약간의 자본이 부족한데,
대출을 끼고 진행을 하는 것이 나을까요? "

↳ 지금 어렵게 사업 계약을 하는 것보다 시간을 갖고 충분히 생각하세요.
더 좋은 기회가 생길 수 있습니다.

" 여자 친구와의 관계가 좋지 않습니다. 어떻게 해야 할지 모르겠습니다. "

↳ 신중함이 필요합니다. 한 발짝 물러서서 원인을 분석하고 타인의 충고
를 들을 수 있어야 할 것입니다.

---

힐링을 위한 NLP상담 10
## 자기 강화를 위한 앵커링

누구나 자신의 부정적 감정을 포함한 문제를 해결할 수 있는 자원을 지
니고 있다. 하지만, 이 부분은 잠재의식과 연관되어 있는 부분이라 본인이
자원을 소유하고 있는지 의식 차원에서는 쉽게 인식하지 못하는 경우가
많다. 그러다 보니 정작 자원이 필요할 때, 자원을 사용하지 못하는 경우가
많다.

이런 경우 다음과 같은 세 가지 방법으로 긍정적인 자원을 설계할 수 있
다.

1 본인의 부정적 상황을 해결할 수 있는 모델을 찾아 활용할 수 있다. 이상적 모델
을 오감적 차원에서 충분히 연합한다. 이때, 목표 행동, 목표를 이루기 위한 태도,
가치 등을 세부적으로 연합하는 것이 중요하다. 충분히 연합이 이루어진 후, 8.

STRENGTH(힘)의 휘익(Swish)기법처럼 자신의 이미지로 대체하여 완전히 연합하여 모델링하는 방식으로 자원을 만들어 자기 강화를 할 수 있다.

2  과거의 경험 속에서 현재의 긍정적인 행복한 상태 자원을 만드는 것으로 사고를 변화시키는 방법이다. 자신이 과거에 '전교 1등을 하는 장면', '조회대 단상에 올라가서 상을 받는 장면', '체육대회에서 우수한 경기력을 발휘하는 장면' 등 긍정적인 기억 속으로 몰입하고 연합(마음의 눈으로 사물을 보고 거기에 있는 소리와 음성을 마음의 귀로 듣고, 상태를 느끼고 기분을 즐기며 체험)한 후, 현재로 돌아온다.

3  이는 생리적 반응을 이용하는 것으로 부정적인 상태를 경험하여 분리, 변화시키는 방법이다. 분노, 불안 등 부정적인 정서 상태가 문제가 될 때 먼저 호흡을 통하여 상태를 분리한다. 호흡을 깊이 있게 들이쉬고 내쉬면서 마음을 이완시키면 마음의 생리 상태가 안정되어 평온함을 얻게 된다.

 이상의 간단한 과정으로 짧은 시간임에도 불구, 마음속의 긍정적인 자원을 설계할 수 있을 것이다.

| 바퀴 | 순환, 인생의 흐름 |
| --- | --- |
| 스핑크스 | 균형, 지혜 |
| 검 | 합리, 열정, 용기 |
| 뱀(티폰) | 악의 괴물 |
| 아누비스 | 삶과 죽음의 신 |
| 책 | 지식, 지혜, 배움 |

### 타로카드 이미지

정 가운데 커다란 수레바퀴가 자리하고 있다. 이 수레바퀴의 맨 위 중앙에 검을 든 스핑크스가 자리하고 있으며, 아래 좌우에 뱀(티폰)과 아누비스가 자리 잡고 있다. 또한, 카드의 네 모퉁이에는 구름 위에서 열심히 책을 보고 있는 사람, 황소, 사자, 독수리가 날갯짓을 하고 있다. 10. WHEEL of FORTUNE(운명의 수레바퀴)에는 여러 문자와 기호가 새겨져 있다.

### 타로 길라잡이

이 카드는 새로운 변화, 뜻하지 않은 기회, 행운을 의미하는 카드이다. 스핑크스가 바퀴의 한 가운데에서 검을 들고 앉아 있는 모습에서 균형감과 지혜로움을 느낄 수 있다.

바퀴 안에는 T, A, R, O 등의 글자가 있는데 이는 TAROT, ROTA(바퀴, 라틴어), TORA(율법, 히브리어 TORAH)를 의미하며, 그 사이에 있는 기호는 요드(YOD), 헤(HEH), 바브(VAV), 헤(HEH)는 하나님의 이름(YHAH, YAHEH)을 의미한다.

'카드 배열 위치에 따른 리딩'에서 언급했듯이, 10. WHEEL of FORTUNE (운명의 수레바퀴)은 일명 (뜻하지 않은) 행운의 카드라고 일컫는다. 하지만, 무턱대고 하는 이런 해석보다 카드 배열 전후의 의미를 파악하여 리딩하는 것이 정확한 방법이다.

## 파워 리딩

운명적인 기회   뜻하지 않은 행운   긍정적 변화   터닝 포인트
작은 일의 완성   자연적 순환   이동   성과(뿌린 대로 거두어들인다)

" 남편이 건강이 계속 좋지 않습니다. 이번 수술 결과가 궁금합니다. "

↳ 이번 수술 결과는 뜻하지 않게 좋아 보입니다. 단, 관리를 철저히 하지 않으면 다시 건강이 좋아지지 않을 수 있습니다.

" 새로운 직장에 합격했습니다. 다음 주부터 출근인데 잘할 수 있을지 걱정입니다. "

↳ 너무 큰 걱정은 하지 마세요. 그렇다고 너무 큰 기대를 해서도 안 됩니다. 성실히 근무하며 노력한다면 좋은 일들이 생기게 될 것입니다.

힐링을 위한 NLP상담 11
### 탁월한 성공을 위한 성공의 원(Circle of Excellence)

사람은 저마다 원하는 것을 성취하기 위하여 노력한다. 사람이 무언가를 원하는 심리는 내면에서부터 올라온 욕구이기 때문에 그것을 이루는 방법이나 자원은 본인이 지니고 있다고 볼 수 있다. 다만, 그것을 알아차리지 못하거나 사용하지 못할 뿐이다. '성공의 원(Circle of Excellence)'은 자신의 탁월성이나 모방하고자 하는 우수성을 심상으로 강렬하게 활성화하여, 목표를 성취하는 데 도움이 되도록 이끄는 방법이다.

나만의 공간에서 내가 가장 좋아하는 사람들과 가장 좋아하는 일을 함

께하며 시간을 보낼 때를 기억해보라. 상상해보라. 에너지가 넘칠 것이다. 바로 이런 환경을 재경험하고 상상하면, 현실적으로 어려운 환경이라도 이를 극복하고 에너지가 충만해져 성공적인 결과를 얻을 수 있을 것이다.

**[ 성공의 원(Circle of Excellence) ]**

1 **자원 찾기:** 목표를 달성하기 위하여 내담자가 소유한 자원 찾기. 자원을 찾지 못할 경우, 롤 모델이나 해당 분야에서 성공적인 모델을 정하여 성공의 자원으로 활용할 수 있다. 또한, 선호표상체계 검사를 통해 강화할 필요가 있는 대상을 체크한다면 더욱 효과적이다.

2 **성공의 원 만들기:** 1~1.5m 내외의 원을 상상하여 그린 후, 본인이 좋아하는 이미지나 색상, 좋아하는 향기, 즐겁고 행복해지는 음악 등으로 원을 장식한다. 오감을 통해 긍정적 감정을 충분히, 강하게 느끼게 한다. 이미지화가 잘 이루어지지 않을 경우, 편안히 호흡하면서 눈을 지그시 감고 진행하면 효과적이다.

3 **탁월성 강화하기:** 성공의 원에서 성취한 경험이나 모델링의 경험을 떠올린다. 타인들이 좀처럼 성취하기 어려운 것을 성취한 것이라면 더욱 효과적이다. 시각적인 이미지, 청각적인 음성, 신체감각적인 감각을 충분히 느끼도록 한다. 이때 여러 가지 앵커링을 활용하면 더욱 효과적일 수 있다. 내담자의 상태를 확인하면서 탁월성 상상하기를 3~4차례 반복하는 것이 좋다.

4 **상태 확인하기:** 앵커링을 함과 동시에 탁월성의 상황이 떠오르도록 의식 상태에서 탁월성 강화를 3~4회 이상 진행한다.

성공의 원을 진행할 때, 선호표상체계 검사*를 통해 강화할 필요가 있는 대상을 체크한다면 더욱 효과적이다.

사회생활을 하다 보면, 자신이 잘하지 못하는 분야의 일인데, 직책이나 성과, 승진 등의 이유로 꼭 성취해야 하는 일이 생긴다. 하지만 이때 잘하지 못한다고 거절한다면, 기회는 사라지게 되고, 자신이 그토록 바라던 목

---

\* 선호표상체계 검사는 20. JUDGEMENT(심판) – 새로운 발판, 나와 상대를 이해하기 위한 선호표상체계 검사를 참고하기 바란다.

표도 멀어질 수 있다.

교직 사회는 학년 초에 업무분담이 이루어진다. A 선생님은 동아리 대회 운영 업무를 배정받았다. A 선생님은 중견 교사인지라 승진과 근무평정 등을 고려하면, 거절하기 어려운 상황이었다. A 선생님의 선호표상체계(14. TEMPERANCE의 NLP상담 참조)를 파악해 본 결과 청각형이었다. 도전하여 성취했던 경험은 초등학교 5학년 때, 학예회 발표를 위해서 힘들게 연습하여 최우수는 아니지만 상을 받은 것이었다. 또한, 지난해 같은 업무를 담당했던 선생님의 업무처리 과정에 대하여 생각해 보았다. A 선생님에게 절차에 따라 성공의 원의 기법을 사용하여 엄지손가락을 치켜드는 앵커링을 하였다. 앵커링 도중에 "선생님 고맙습니다!", "선생님, 최고예요!"라는 청각적인 효과들을 첨가하자 얼굴빛이 환해지고 입가에 웃음이 가득 피어나곤 했다. 이후 A 선생님은 맡은 업무를 성공적으로 성취했을 뿐만 아니라, 항상 자신감을 보이며 학생들과의 관계가 아주 좋아졌다.

| 저울 | 공명정대 |
|------|----------|
| 칼 | 정의, 권위 |
| 초록 망토 | 긍정적 마인드 |
| 보라색 베일 | 의식을 넘을 수 있는 능력 |
| 베일이 처진 기둥 | 숨겨진 진리, 지식의 수호 |

### 타로카드 이미지

왕처럼 보이는 젊은 여성이 왼손에는 저울을 오른손에는 검을 들고 앉아 있다. 초록색 망토와 왕관에는 브로치와 사파이어가 박혀 있다. 특히, 앉아 있는 모습에서는 조그마한 미동도 없으며 안정함을 느낄 수 있다. 의자와 단상, 양쪽 기둥의 색깔이 회색 기둥이며 두 기둥 사이에 보라색 베일이 쳐 있다. 11. JUSTICE(정의)를 자세히 살펴보면, 오른발이 살짝 옷 밖으로 나와 있음을 알 수 있다.

### 타로 길라잡이

이 카드는 감정에 휘둘리지 않고 정의에 따라 공명정대하게 이루어짐 혹은 이루어져야 함을 나타내는 카드이다. 즉, 왼손의 저울로 아주 정확히 판단하여 검을 휘두른다는 의미이다. 오른쪽 발이 나와 있는 것은 정에 이끌리는 등 감정적이지 않고, 합리적이라는 것을 의미한다.

> TIP 몇몇 타로 리더들이 11. JUSTICE(정의)가 어떤 결과에서 승리, 승소를 의미한다고 리딩하지만 이는 잘못된 해석이다. 11. JUSTICE(정의)는 어떤 상황에서 공

정한 결과가 나오는 것을 의미한다. 바로 정의감으로 시시비비를 따지게 되므로, 나에게 유리할 수도 있지만 불리할 수도 있다.


### 파워 리딩

합리적인   균형   공평함   정의감으로 시시비비를 가린다
객관적이고 정확하고 냉정   공정한 결과

" 지금 소송 중인 사건에서 승소할 수 있을까요? "

↳ 승소는 확정할 수 없습니다. 다만, 내담자 본인이 옳다면 반드시 승소하게 될 것입니다.

" 인사 담당 부서에 근무합니다. 직원을 채용해야 하는데,
청탁이 들어왔습니다. 어떻게 해야 할까요? "

↳ 감정적인 부분을 배제하고 합리적인 결정을 해야 합니다. 채용 부분에 가장 적임자가 누구인지 명확히 판단하여 직원을 채용하는 것이 현명한 방법입니다.


### 힐링을 위한 NLP상담 12
### 정확한 판단을 위한 데카르트 좌표(Cartesian Coordinates)

" 내가 그때 이런 방법을 생각했더라면…. "
" 저 친구는 너무 한 방법만을 고집해. "

우리는 인생을 살아가며 과거에 했던 결정이나 사고에 대해 많은 후회와 반성을 하게 된다. 또한, 주변 사람들에게 "이렇게 하면 더욱 효과적일 텐데…."라고 조언을 하기도 한다. 바로 이런 유연한 사고, 다차원적인 사고를 위한 방법 중 데카르트 좌표(Cartesian Coordinates)기법이 있다. 가정과 결

과가 있다면 가정을 뒤집어 보기도 하고, 결과를 뒤집어 보기도 하여 여러 방면의 사고를 하는 방법이다. 좌표 평면의 4개의 사분면에 각각 대응해보는 양자적 사고 방법이라고 할 수 있다.

**[ 데카르트 좌표(Cartesian Coordinates) ]**

아래의 좌표를 4개의 좌표 평면으로 보자. 그러면 1 사분면에는 A, B, 2 사분면에는 ~A, B, 3 사분면에는 ~A, ~B, 4 사분면에는 A, ~B가 위치한다. 일반적으로 1 사분면을 "A이면 B이다"로 해석한다면 2 사분면을 "A가 아니면 B이다"로, 3 사분면을 "A가 아니면 B가 아니다"로, 4 사분면을 "A이면 B가 아니다"로 각각 해석할 수 있다.

| Converse ~A, B | Theorem A, B |
|---|---|
| 예 "당신이 ~하지 않는다면 어떤 일이 생길까(What wouldn't happen if you did)?" | 예 "당신이 ~한다면 어떤 일이 생길까(What would happen if you did?)?" |
| **Non-mirror, Image Reverse ~A, ~B** | **Inverse A, ~B** |
| 예 "당신이 ~하지 않는다면 어떤 일이 생기지 않을까(What wouldn't happen if you didn't)?" | 예 "당신이 ~한다면 어떤 일이 생기지 않을까(What would happen if you didn't)?" |

# 12. THE HANGED MAN  거꾸로 매달린 사람

| | |
|---|---|
| 'T'자 십자가 | 예언의 십자가 |
| '4'자 형태 | 목성, 행운, 확장, 성장 |
| 후광 | 자각, 희생, 봉사, 진리 탐구 |
| 허리띠 | 한계, 제한 |

### 타로카드 이미지

한 남자가 'T' 자형 나무에 발이 묶여 거꾸로 매달려 있다. 하지만, 신기하게도 이 남자는 전혀 고통스러워하지 않고 편안하고 안정되어 있다는 것을 느낄 수 있다. 다리는 '4'자 형태로 왼쪽 다리를 접고 있으며, 양팔은 뒤쪽으로 묶여 있는 듯하다. 또한, 허리에는 허리띠가 매여 있고, 머리에는 후광이 빛나고 있다.

### 타로 길라잡이

이 카드는 아직 때가 되지 않아 때를 기다리고 있는 카드이다. 또한, 한 단계 성장을 위한 조정의 카드이기도 하며 정신적 과정을 통해 현재보다 나은 성과를 이룰 수 있음을 나타낸다. 12. THE HANGED MAN(거꾸로 매달린 사람)의 이름만 보면 '사람이 죽거나 고통을 받겠구나.'라는 생각이 들겠지만, 카드를 보는 순간 그 생각은 잘못되었음을 알 수 있다. 나무에 한쪽 발이 묶여 있음에도 불구하고 너무나 편안하고, 조용히 숙고하는 모습이다. 더군다나 이 사람이 매달려 있는 나무에 싹이 자라고 있어 죽은 나무가 아니라 생명력 있는 살아 있는 나무라는 것을 알 수 있다. 이 카드는 또한 관점을 바꾸어 바라볼 필요가 있음을 나타내는 카드이다.

> TIP  12. THE HANGED MAN(거꾸로 매달린 사람)은 자신의 희생을 통해 주변의 행복을 기꺼이 가져다주는 카드이다. 또한, 모든 일을 성급하게 하지 말고 시간을 가질 필요가 있다는 것을 알려 주는 카드이기도 하다.

### 파워 리딩

정체   반전   인내하며 받아들여라   희생   봉사하라
지금은 때가 아니다   주위에 베풀어라   새로운 사고의 필요성

" 제가 할 수 있는 일이 아무것도 없는 것 같습니다. 제가 무엇을 할 수 있을까요? "

↳ 지금의 상황을 전진을 위한 일 보 후퇴로 여기세요. 그리고, 내담자분의 희생과 봉사를 통해 새롭게 주변을 바라보세요. 그렇게 하면 뜻하는 여러 가지를 이루실 수 있을 것입니다.

" 사귀는 남자가 빨리 결혼하자고 합니다. 서둘러 결혼을 해야 할까요?

↳ 지금은 때가 아닙니다. 조금 더 시간을 갖고 내담자분 자신의 내면에 귀를 기울여야 할 때입니다.

━━━━━━━━━━━━━━━━━━
힐링을 위한 NLP상담 13
### 성숙과 성장을 위한 관점 바꾸기(Reframing)
━━━━━━━━━━━━━━━━━━

우리 모두에게는 상황을 바라보는 각각의 시각이나 관점이 있다. 문제는 어떤 상황, 일, 사건, 상태를 문제로 볼 때 문제가 된다. 문제는 원래 없다. 하지만 문제를 문제로 보는 순간부터 문제는 존재하게 된다. 문제란 것은 문제라는 관점에서 보기 때문에 문제다. 따라서 문제를 문제가 아닌 다

른 관점에서 볼 수 있다면 문제는 사라진다. 그러므로 문제가 아니라고 생각할 수 있게 돕거나, 문제가 해결될 수 있는 방향으로 관점을 바꾸는 것은 훌륭한 상담이라고 할 수 있다.

그렇다면 어떻게 해야 문제를 문제가 아닌 다른 관점이나 시각에서 바라볼 수 있을까?

1 **상황 관점 바꾸기**(Context Reframe)

행동이나 반응은 특정한 상황에서 이해되고 평가된다. 따라서 상황이 바뀌면 의미나 평가도 달라질 수 있다. 같은 행동에 대해서 사람들이 서로 다르게 반응할 서로 다른 상황을 생각해 보라. 상대방의 입장, 상황을 이해한다면 쉽게 상대방을 이해할 수 있다.

2 **의미 관점 바꾸기**(Meaning Reframe)

행동이나 반응은 여러 의미를 가질 수 있다. 같은 반응도 다른 의미로 해석할 수 있다면 그 반응에 대한 평가도 달라질 수 있다. 당신 자신에게 질문해 보라. "이 행동의 다른 의미는 무엇인가?" 또는 반대의 관점이나 다른 의미를 생각하라. "이 사람에게 서로 다른 의미를 가져오는 그리고 반응을 바꿀, (이 맥락에서) 그가 미처 깨닫지 못했던 사실은 무엇이 있을까?"

## 13. DEATH  죽음

| | |
|---|---|
| 해골 사신 | 죽음, 변화 |
| 백장미가 그려진 흑색 깃발 | 죽음 뒤의 새로움 |
| 백마 | 자연, 순수 |
| 떠오르는 태양 | 부활, 재생 |
| 강 | 인생 |

### 타로카드 이미지

장미가 그려진 검은 깃발을 들고 검은 갑옷을 입은 백골의 기사가 백마의 검은 고삐를 잡고 지나가는 중이다. 왕은 죽어 쓰러져 있고, 아이는 천진난만하게 바라보고, 여자는 기절한 상태이다. 13. DEATH(죽음)의 기사를 반기는 것은 교황밖에 없다. 옆으로 강이 흐르고 있고, 저 멀리 두 개의 기둥 사이로 해가 떠오르고 있다.

### 타로 길라잡이

메이저 타로카드 22장 중 몇 장의 두려움의 카드가 있다. 13. DEATH(죽음)가 그 몇 장의 카드 중 하나이다. 13. DEATH(죽음)는 죽음, 실패, 과정의 마무리, 절망, 옛것을 버리고 새로운 것을 시작하라는 것을 의미한다.

보통 상담을 받으러 온 내담자나 교육을 받으러 온 수강생들 모두 이 카드가 나오면 "제가 죽나요?"라고 되물어보곤 한다. 13. DEATH(죽음)의 기사가 지나가고 나면 새로운 시작과 변화가 일어나게 된다.

TIP 13. DEATH(죽음)는 새로운 것을 위하여, 긍정적인 변화를 위하여 과거의 구습을 버리고 타파해야 함을 나타내는 카드이다. 즉, 죽음은 끝이 아니라 새로운 시작을 위한 마무리라 생각하면 좋을 것이다.

## 파워 리딩

종말과 시작  죽음  실패  과정의 마무리  파멸  고통  절망
옛것을 버리고 새로운 것을 받아들여라   삶의 변화가 올 수 있다

" 친구처럼 지내는 여자가 있습니다. 애인으로 사귀고 싶은데, 가능할까요? "

↳ 기존의 여자 친구와의 관계를 청산하고, 한 단계 발전한 애인으로 새로운 시작이 가능합니다.

" 3대째 전승하고 있는 식당 가업이 있습니다. 몇 년 전부터 손해가 막심합니다. 어떻게 해야 할까요? "

↳ 시대의 흐름을 따라야 할 것 같습니다. 가업으로 전승하고 있는 식당의 문제점을 잘 파악하여 새로움을 접목해야 할 것입니다.

### 힐링을 위한 NLP상담 14
### 종말과 시작을 위한 무의식의 긍정적 의도와 부수적 이득

누구에게나 무의식(잠재의식)은 존재한다. 이는 자신을 보전·보호하려고 존재하는데, 이것은 무의식의 긍정적 의도이다. 이러한 무의식은 때때로 자신을 보전, 보호하기 위하여 문제행동(부정적인 상황이나 통증)을 일으킨다. 하지만 이런 문제는 무의식의 긍정적 의도를 나타내고자 하는 것이기에 이 긍정적 의도를 이해한다면 문제에서 해방될 수 있다.

긍정적 의도라는 것은 곧 부수적 이득(Secondary Gain)이라는 것과 관련이

된다. 이것은 일차적이거나 표면적인 것이 아니면서 이차적으로 숨겨져 있는 이면적인 이득이란 뜻이다. 표면적으로 얻을 수 있는 것이 일차적 이득이라면 이면의 무의식적인 동기와 관련되는 것이 이차적 이득이며 일종의 방어기제(Defence Mechanism)에 해당하는 것이기도 하다.

예를 들어, 담배를 피우는 것이 표면적으로는 담배를 좋아하기 때문이라고 할 수 있겠지만 외로움이나 슬픔을 달래거나 불안이나 두려움을 이기기 위해서, 또는 분노를 삭이기 위하여, 또는 총체적으로 스트레스를 이기기 위해서 흡연을 할 수도 있다. 이와 같은 경우를 두고 심리적인 문제를 해결하고자 하는 부수적 이득의 차원이 개입되었다고 할 수 있다.

그렇게 본다면 숨어 있는 의도나 부수적 이득을 어떻게 파악하고 이해할 뿐만 아니라 그것에 적절히 대처할 것인가의 문제가 중요하다고 할 수 있다.

| 천사 | 미카엘, 빛의 천사 |
|------|------------------|
| 원 | 태양 |
| 붓꽃 | 신적 메시지, 무의식(잠재의식)의 영향력 |
| 물 | 감성, 무의식(잠재의식) |

### 타로카드 이미지

하얀 옷을 입은 천사가 이마에는 원 모양 안에 점, 가슴에는 사각형 안에 삼각형이 들어 있는 도형을 위치시키고 있다. 14. TEMPERANCE(절제)의 주인공은 양손에 컵을 들고 후광을 내고 있으며, 한쪽 발은 물에 다른 쪽 발은 돌(땅)을 밟고 있다. 뒤쪽에는 붓꽃과 물에서 시작된 길이 목적지를 향해 나 있으며, 목적지에는 왕관이 빛나고 있다.

### 타로 길라잡이

14. TEMPERANCE(절제)는 가운데 크게 이미지화된 두 개의 컵에서 느껴지듯 절충, 조화, 균형을 의미한다. 즉, 어느 한쪽에 치우치지 않고 적절한 균형을 이루고 있다. 이는 의식(이성)과 무의식(감성)을 적절히 조합하여 균형, 안정감을 유지한다는 뜻이다. 이렇게 적절한 균형을 유지한다면 멀리 보이는 빛나는 왕관으로 표시된 목적지에 도달할 수 있음을 나타낸다.

14. TEMPERANCE(절제)가 의미하는 균형은 이성과 감성에서 균형을 맞추는 것, 의식과 무의식의 균형을 맞추는 것, 나의 의견과 상대방 의견의 균형을 맞추는 것 등 우리의 일상에 꼭 필요한 것이다.

## 파워 리딩

조화  균형  중용  원활한 교류  절제  절충  통합
한쪽에 치우침을 피한다   인내력이 있다

" 연휴 기간에 개인적인 일도 많은데, 직장에서 담당 업무로
처리해야 할 일이 많습니다. 어떻게 해야 할까요? "

↳ 어느 한쪽에 맞추어 일을 처리해서는 내담자분이 곤란해질 것 같습니다. 적절히 양쪽 일을 균형을 맞추어 느긋한 마음으로 조화롭게 일을 처리하는 지혜가 필요할 것 같습니다.

" 지금 사업이 어느 정도 되고 있습니다.
지방으로 지부를 확장할 수 있을 것 같은데, 어떻게 하는 것이 좋을까요? "

↳ 한쪽에 치우침을 피해, 중앙과 지방의 균형을 맞추어 나감도 좋은 방법입니다.

### 힐링을 위한 NLP상담 15
## 성공으로 나아가기 위한 균형과 절충을 위한 선호표상체계

K 기업에서는 임원들에게 새로운 사업 선정을 위한 브리핑이 한창이다. A는 엄청난 정보를 체계적으로 보기 좋게 준비하여 발표하였고, B는 간단한 자료에 유창한 말솜씨를 발휘하였다. 결과는 어떻게 되었을까? B의 사업 제안이 결정되었다. 왜일까? 혹시, 부정 거래가 있었을까? 아니다. 바로 K 기업의 임원들 대다수가 선호표상체계 중 청각형이었기 때문이다.

NLP에서 중요시하는 신경체계 중 오감(시각, 청각, 후각, 미각, 촉각) 중 내담자가 선호하는 감각을 선호표상체계라 한다. 어떤 사람은 시각을 위주로 세상을 보고, 어떤 사람은 청각을 위주로 세상을 듣고, 어떤 사람은 신체감각을 위주로 세상을 느낀다. 즉, 시각에 익숙해지면 듣는 것이든 느끼는 것이든 모든 것을 보이는 것으로 처리하려고 한다. 내담자의 선호표상체계를 파악하면 균형과 절충을 위한 상담에 많은 도움이 될 수 있다.

### [ 선호표상체계* ]

V **Visual, See**(시각형) 시각형인 사람들은 눈을 위쪽으로 뜬 채, 머리와 몸을 세우는 경향이 있다. 흉식 호흡의 경향이 있으며 눈에 보이는 부분을 중요하게 여겨 깔끔하며 정리정돈을 잘한다. 그림이나 이미지를 봄으로써 기억하며 청각적인 부분에 대해서는 덜 민감하다. 마음이 집중되지 않는 경향이 있기에 언어적 지시사항을 제대로 기억하지 못하는 어려움을 겪는다. 어떤 일을 하더라도 그것이 어떻게 보이는지가 주된 관심사이다. 외모도 중요하다. 소개팅을 나온 상대의 이에 고춧가루가 끼인 것을 보게 된다면 십중팔구 퇴짜!

A **Auditory, Hear**(청각형) 청각형인 사람들은 눈을 옆으로 움직이는 경향이 있으며 가슴 중간 쪽에서 호흡하는 경향이 있다. 독백(혼자 말을 하며 입술을 움직이기도 함)을 많이 하는 편이며 소음에 민감하다. 한번 들었던 것은 잘 기억하고 음악을 좋아하며 대화를 즐긴다. 청취할 때, 고개를 기울이는 경향이 있으며 커뮤니케이션을 진행할 때 시각적인 부분보다 직접 말로 듣기를 좋아한다. 특정한 톤의 목소리에 민감하게 반응한다. 현대사회에서 많이 발생하는 아파트 등의 건물 층간 소음에 특히 민감할 수 있다.

K **Kinesthetic, Feel·Touch**(신체감각형) 신체감각형인 사람들은 복식 호흡을 하는 경향이 있다. 말을 천천히 하며 말하는 도중에 멈추기도 한다. 다른 사람들과 가까이에서 얘기하는 등 신체적 접촉을 좋아한다. 실제로 행동을 하면서 기억으로 저장하는 경향이 있다. 감을 잘 잡는다. 감정이 민감하며 느낌, 직감에 강하다. 스킨십을 자주 하며 커뮤니케이션하는 사람은 신체감각형으로 볼 수 있다.

* 선호표상체계 검사에 대한 내용은 20. JUDGEMENT(심판)에서 안내, 설명한다.

A<sup>D</sup>**Auditory Digital, Words**(내부언어형) 내부언어형인 사람은 내면의 독백(Self-talk)
을 하는 버릇이 있으며 논리와 이치를 따지는 경향이 있다. 또한, 다른 표상체계
특징의 일부를 보이기도 한다. 절차, 순서, 계열에 따른 사물의 이치를 중시한다.
단어나 용어를 중심으로 하는 언어에 민감하고 정확한 언어를 구사하려 한다. 하
나하나 따지며 커뮤니케이션하는 사람을 내부언어형으로 볼 수 있다.

| 악마 | 유혹, 폭력, 중독 |
|---|---|
| 쇠사슬 | 구속, 속박, 억압 |
| 포도 꼬리 | 종교적 신성함의 모독 |
| 불꽃 꼬리 | 영적인 열정의 모독 |
| 역오각형 | 악마, 사탄 |
| 거꾸로 든 횃불 | 신성함의 모욕 |

### 타로카드 이미지

정 가운데 악마가 염소 머리, 박쥐 날개, 짐승의 다리 모양을 하고 있다. 그 아래에는 옷을 입지 않은 두 남녀가 포도와 불이 달린 꼬리에 머리에는 뿔이 나 있다. 또한, 목에 쇠사슬이 걸려 있다. 15. THE DEVIL(악마)의 오른손은 이상한 동작으로 들고 있으며, 왼손은 횃불을 들고 아래를 향하고 있다.

### 타로 길라잡이

메이저 타로카드 22장 중 몇 장의 두려운 카드가 있다고 했다. 15. THE DEVIL(악마)도 그 몇 장의 카드 중 하나이다.

15. THE DEVIL(악마)은 6. THE LOVERS(연인)의 이미지와 많은 부분 흡사함을 느낄 수 있다. 하지만, 15. THE DEVIL(악마)에서는 천사가 악마로, 자유로운 두 남녀가 속박받는 남녀로 대표적인 변화가 이루어졌다. 따라서, 이 카드는 구속, 속박, 유혹의 의미와 부적절한 관계, 중독적 상황으로 의미를 부여할 수 있다.

15. THE DEVIL(악마)의 두 남녀에 집중해 보자. 이들은 목에 쇠사슬이 묶여 있지만 느슨하게 묶여 있어 그들의 의지가 있다면 쇠사슬에서 벗어날 수 있는 상황임을 보여 주고 있다. 따라서, 상황을 정확히 직시하고 의지를 발휘하여야만 역경에서 벗어날 수 있다는 것을 알리는 카드이다.

## 파워 리딩

유혹 속박 구속 집착 불안 중독 복종 망상
치우치는 도가 넘는 실패 부적절한 관계 부정적인 사고

" 오늘 길거리에서 한 남자에게 만나보지 않겠냐는 제의를 받았습니다.
외모는 마음에 드는데, 마음이 선뜻 안 갑니다. 그 남자는 어떤 사람일까요? "

↳ 그 남자가 당신을 유혹했군요. 하지만, 그 남자는 당신뿐만 아니라 다른 여자들에게도 같은 행동을 했을 가능성이 큽니다. 부적절한 관계일 가능성이 크니 마음을 쓰지 않는 것이 좋겠습니다.

" 친구를 따라 자꾸 경마장에 가게 됩니다. 처음에는 아무것도 모르고 시작한 것이 이제는 자꾸 발길을 붙잡히게 되네요. 어떻게 해야 할까요? "

↳ 당신도 모르는 사이에 중독이 되어 가고 있었군요. 아직 늦지 않았습니다. 현명한 의지를 발휘한다면 벗어날 수 있습니다.

## 힐링을 위한 NLP상담 16
## 부정적 상황(중독상담 등)을 위한 Visual Squash

우리는 커피를 많이 마시면 몸에 해롭다는 것을 알면서도 하루에 몇 잔씩 마시고, 담배가 백해무익하다는 것을 인식하면서도 하루에 몇 개비(갑)씩 피워대고 있다. 컴퓨터나 스마트 폰을 오래 사용하면 안 된다는 것을 알고 있으면서도 하루에 몇 시간씩 컴퓨터나 핸드폰을 손에서 놓지 못하고 있다.

이처럼 우리는 원치 않은 것들, 행동하지 말아야 할 것을 평소에 너무나 많이 즐겨서 하고 있다. 이런 것들을 예방할 수 있다면, 몸에 해롭고 백해 무익한 것을 우리의 의지대로 우리에게서 영원히 멀어지게 하는 방법이 있다면 얼마나 좋을까? 우리는 매일, 매 순간 소망한다. 여러분이 NLP의 Visual Squash 기법을 터득한다면, 소망에서 끝나지 않고 그것을 실현하는 즐거움을 맛볼 수 있을 것이다.

## [ Visual Squash ]

본인이 원치 않는 습관적 행동을 내가 가장 싫어하는 대상과 매칭시키면 어떤 일이 벌어질까? 내가 가장 좋아하는 커피가 내가 가장 싫어하는 까나리 액젓이 된다면? 내가 가장 싫어하는 간장이 된다면? 그렇다. 바로 이런 전혀 상반된 이미지를 매칭시키는 방법이 바로 Visual Squash 기법이다.

### 1 사전 작업

① 목표 행동 정하기: 중단하거나 멈추어야 하지만 평소에 좋아하고 즐겨서 하는 즉, 변화하기를 원하는 부정적 상황(중독적인 욕구나 습관 등) ex. 흡연, TV 시청, 컴퓨터 게임, 스마트 폰, 커피, 술, 빵, 특정한 음식, 도박…

② 목표 행동 시각화: 마음을 집중하여 오감을 통해 목표 행동을 시각화한다.

③ 혐오대상물 정하기*: 내담자가 끔찍이 혐오하는 대상물 선정(내담자의 개인적 사항으로 상담의 효과를 결정하는 가장 중요한 과정일 수 있다.) ex. 더러운 걸레, 곰팡이, 바퀴벌레, 지렁이, 거미, 지네, 쥐, 뱀, 배설물, 가래, 부패한 음식…

④ 혐오대상물 시각화: 집중, 몰입한 상태에서 오감을 연합하여 혐오대상물을 시각화한다.

### 2 본 작업

① 편하게 심호흡을 하고 집중, 몰입한다.

② 양 손바닥을 가슴 앞무릎 위에 손바닥이 위로 오게 가볍게 든다.

③ 시각화한 목표 행동을 왼손바닥 위에 올려놓는다(오른손잡이일 경우). 그리고 손 위에 있는 목표물을 오감을 동원하여 느끼면서 더 강렬한 느낌으로 연합한다.

* 충북 진천의 한 대안학교 상담 봉사를 나갔을 때, 상담을 실시한 학생 중 두 학생이 경찰차의 사이렌, 소년원의 철문 소리를 가장 끔찍하게 생각하고 있었다.

(상태파괴)

④ 오른손에는 혐오대상물을 올린다.

⑤ 오감을 통해 더 강하게 집중하고 '하나'에서 '셋'까지 세는 동안에 혐오감이 점점 더 강해지는 것을 느끼도록 한다. (상태파괴)

⑥ 다시 왼손에 집중하고 연합한다. (상태파괴)

⑦ 다시 오른손 위에 집중하고, 연합한다. (상태파괴)

필요하다면 ⑥~⑦의 과정을 1~2차례 더 반복하되 준비상태가 갖추어지면 다음 단계로 진행한다.

⑧ "하나, 둘, 셋"을 센다. 마지막 "셋!"을 셀 때 손벽을 치고 두 손을 마주 맞잡는다. 그리고 두 손을 함께 비빔으로써 부정적인 상황과 혐오대상물이 뒤섞이게 하고 그 뒤섞이는 내용물을 오감을 통해 충분히 상상하고 느낄 수 있도록 한다. 더럽고 역겹게, 보기도 싫고 구역질이 날 정도로 불쾌한 감정을 느끼게 한다. 그래서 이제는 부정적 상황을 생각만 해도 구역질이 나고 싫을 정도가 되도록 느끼고 경험하고 연합한다.

필요하다면 ⑥~⑦의 과정과 ⑧의 과정을 1~2차례 더 반복한다.

⑨ 손을 털고 마음의 이미지로 두 손을 깨끗이 씻도록 한다. 수돗물에 손을 비누로 씻으면서 따뜻한 물로 헹구는 소리를 마음의 귀로 듣도록 한다. "손을 깨끗이 씻으세요. 그리고 잘 헹구어내고 완벽하게 말리도록 하세요."

⑩ 이제 부정적 상황을 느끼기 이전의 시간으로 돌아가 보도록 한다.

⑪ 이제 그 자유를 경험하도록 한다. 그리고 자신의 가슴을 스스로 안아 주도록 한다. 이러한 '가슴 안기'는 마음의 자산(Resource States)이다. 자유를 오감으로 느끼도록 한다.

부정적 상황이나 강한 욕구가 해결되지 않았을 경우, 위 과정을 반복하여 시행한다. 대상물 선정을 어떻게 하는가에 따라 상담의 효과에 큰 차이를 보이게 된다.

---

* 상태파괴란, 현재 상황과 다른 일상적인 의식적 상황으로 전환해 주는 방법을 말한다.

| 탑 | 인간의 그릇된 욕심 |
|---|---|
| 벼락 | 재앙, 파괴 |
| 먹구름 | 근심, 문제 상황 |
| 산꼭대기 | 야망, 욕망 |
| 거꾸로 떨어지는 왕관 | 업적의 상실, 왕권의 몰락 |

### 타로카드 이미지

16. THE TOWER(탑)를 살펴보면 산 정상에 세워진 탑에 검은 구름이 잔뜩 낀 상황에서 벼락을 맞으며 탑에 있던 왕을 포함한 두 사람이 거꾸로 떨어지고 있다. 탑에는 불이 나고 있으며, 탑 꼭대기를 장식한 왕관은 뒤집혀 떨어지고 있다.

### 타로 길라잡이

16. THE TOWER(탑)도 두려운 메이저카드 중 하나이다. 아주 힘든 상태, 파산, 파멸을 의미하며 저자의 경험상 메이저카드 중에서 가장 부정적인 카드이다. 예상하지 못했던 갑작스러운 변화나 문제 상황이 나타날 수 있는 카드이다.

> TIP 16. THE TOWER(탑)는 피해 가기 어렵다. 변화를 겸허히 받아들이고 현실적인 행동이 필요함을 나타내는 카드이기도 하다.

## 파워 리딩

중대한 위기 상황  안정의 몰락  관계의 파괴  비밀
거짓이 드러남  파멸  이별  붕괴  치명적인  갑작스러운 변화

" 갑작스러운 업무 실수로 직장에서 해고를 당할 처지입니다. 어떻게 해야 할까요? "

↳ 갑작스러운 상황이군요. 편안한 마음으로 실수를 인정하고, 현실적으로 행동해야 합니다.

" 여자 친구에게 큰 실수를 했습니다. 벌써 한 달째 연락이 안 됩니다.
어떻게 해야 할까요? "

↳ 여자 친구가 단단히 화가 나 있습니다. 늦지 않게 진심으로 사과해 보세요. 연인관계가 끝날 수도 있습니다.

## 힐링을 위한 NLP상담 17
## 극한 상황 극복을 위한 미래상상기법(Future Pacing)

미래보정, 미래상상(Future Pacing)은 변화를 위한 상담을 진행한 후에 효과가 있는지를 테스트하는 기법으로 많이 사용한다. 이 경우에, 다음과 같은 방법으로 상담을 진행한다.

"앞으로 비슷한 상황에 처하게 될 때 어떻게 느껴질지 상상해보세요."

미래보정, 미래상상(Future Pacing)은 NLP상담이 이루어지는 마지막 단계에서 진행하면 내담자에게 더욱 확신을 주는 기법이다.

"이 또한 지나가리라(This too, shall pass away)."라는 말은 에이브러햄 링컨(Abraham Lincoln, 1809~1865)이 대통령이 되기 전에 연설에 사용하면서 19C 전반부터 널리 퍼지게 되었다.

세상이 끝날 것 같고, 인생이 여기까지인 것 같은 극한 상황으로 인해 많

은 내담자가 큰 어려움을 겪는다. 특히, 이런 극한 상황은 아직 성숙하지 않은 우리 학생들이 극단적인 선택을 하도록 만들기도 한다. 그러나 아무리 힘들고 이겨내기 어려운 상황도 시간이 지난 후에는 과거의 상황이 되어 버린다.

바로 미래보정, 미래상상(Future Pacing)기법은 현재의 극한 상황이나 부정적인 상황에서 벗어난 미래의 상황을 느낌과 동시에 현재 상황을 이겨내고 극복할 수 있다는 긍정적인 이미지를 떠올리도록 돕고, 자신감을 회복하는 방법으로 응용하여 사용할 수도 있다.

## 17. THE STAR  별

| 팔각별 | 우주의 에너지, 큰 희망 |
|---|---|
| 물 | 무의식(잠재의식) |
| 땅 | 의식 |
| 옷을 입지 않은 여인 | 진실함, 자연과의 일체 |
| 새 | 지혜 |

### 타로카드 이미지

아름답게 밤하늘 한가운데 큰 팔각별이, 그 주위로 작은 팔각별 7개가 자리해 있다. 옷을 하나도 입지 않은 여성이 한 발은 물(웅덩이) 위에 다른 발은 육지에 무릎을 꿇고 마찬가지로 한 손으로는 물에, 다른 한 손으로는 육지에 물을 붓고 있다.

### 타로 길라잡이

17. THE STAR(별)는 희망, 소원성취, 희망찬 미래를 의미한다. 한 발은 물 위에 다른 발은 육지에 자리하고 있다는 점에서 17. THE STAR(별)의 이미지는 14. TEMPERANCE(절제)의 이미지와 흡사한 면이 있다.

> TIP  14. TEMPERANCE(절제)는 양손으로 물을 절충하는 반면, 17. THE STAR(별)는 무의식(잠재의식)을 의미하는 물과 의식을 의미하는 땅(육지)에 물을 붓고 있다는 차이점이 있다. 이것은 14. TEMPERANCE(절제)보다 17. THE STAR(별)가 더 큰 의미(차원)의 조화가 있음을 의미한다.

희망  사랑의 시작  창조적인 발상  좋은 결과  이상적인  낙관주의  믿음  신념

" 이성 친구가 없어 고민입니다. 올해는 어떻게 될까요? "

↳ 그동안 외로우셨군요. 하지만, 올해는 참 희망적인 해입니다. 마음에 드는 연인을 만나 사랑을 시작할 수 있는 해입니다.

" 삼수를 준비 중입니다. 이번에 대학에 합격해야 하는데 걱정입니다. "

↳ 그동안 준비를 잘 하셨군요. 조금만 더 열심히 최선을 다한다면, 드디어 올해는 그 결과를 얻어 내시게 될 것입니다. 힘내시기 바랍니다.

> 힐링을 위한 NLP상담 18 – 변화를 위한 라포 형성하기 Ⅱ
> **페이싱 & 리딩**(Pacing & Leading)

우리는 누구나 상대방이 내가 원하는 대로 행동하고 따라주길 원한다. 하지만, 상대방 또한 마찬가지일 것이다. 변화를 위한 상담을 하는 때에도 상담자는 내담자가 원하는 결과가 나올 수 있도록 따라주길 바란다. 하지만, 상담자와 내담자의 신뢰 관계, 라포 등의 결핍으로 처음부터 원하는 이런 결과를 얻기란 쉽지가 않다.

**[ 맞추기 & 이끌기**(Pacing & Leading) **]**

1  **맞추기**(페이싱, Pacing)

라포를 형성하기 위한 하나의 수단이다. 페이싱(Pacing)은 상대방이 행동하는 방식대로 맞춰 나가는 것이다. 여기서 주의할 점은 인위적으로 인식되지 않도록 '자연스럽게' 행동하는 것이다. 맞춰 갈 수 있는 대상으로는 호흡, 말의 속도, 목소리의 높낮이, 자주 사용하는 용어나 단어(표현), 제스처 등이 있다.

① **일치시키기**(Matching) 상대방이 오른손을 들면 오른손을 드는 방법으로 맞추는 것이다.

② **거울 반응하기**(Mirroring) 마치 거울을 보듯이 내담자의 동작을 따라 하는 것이다. 내담자가 손뼉을 치면 같이 손뼉을 치고, 양손을 쥐면 같이 양손을 쥐고, 다리를 꼬면 같이 다리를 꼬는 방식으로 상담자가 내담자가 의식하지 못하는 상태에서 언행을 따라 하는 방법으로 라포를 형성하는 것이다.

③ **교차 거울 반응하기**(Cross-over Mirroring) 상대방과 서로 다른 신체 부위나 수단을 통해 맞추기를 하여 내담자와 라포를 쌓아가는 방식이다. 예를 들면 손바닥을 펴고 위로 올리고 내릴 때는 손을 뒤집어서 내리는 방식으로 호흡을 맞추어 가는 방법, 노래를 부르면 장단을 맞추거나 손뼉을 치는 방법 등이 있다.

**2 이끌기**(리딩, Leading)

목표하는 방향으로 상대방의 행동을 유도하는 것을 말한다. 먼저 이끌고자 하는 바람직한 목표를 설정하고 그 방향으로 이끌기 반응을 보이도록 하라. 물론 이것이 가능하기 위해서는 맞추어 가기가 잘되어야 한다.

TIP 처음 상담 시에는 일반적으로 페이싱을 2번, 리딩을 1번 즉, "Pacing → Pacing → & → Leading"으로 진행하며, 어느 정도 효과를 보이면 페이싱 1번에 리딩 1번 즉, "Pacing → & → Leading"으로 진행하는 것이 효과적이다.

| 달 | 여성적, 반복적 순환, 보이지 않는 힘 |
|---|---|
| 가재 | 무의식(잠재의식) |
| 늑대 | 잠재의식, 본능, 야성적인 |
| 개 | 의식, 이성, 합리적인 |
| 두 탑 | 의식의 변화, 결정의 통로 |

### 타로카드 이미지

보름달인지 초승달인지 형체를 알 수 없는 달이 근심 가득한 표정으로 가운데에 자리해 있다. 개와 늑대가 근심 가득한 표정의 달을 경계하듯 바라보고 있고, 물속에서 가재가 나와 길을 따라 이동하려고 하고 있다. 두 기둥 사이의 길을 따라가면 정확하게 표시되어 있지는 않지만, 목적지로 향하게 될 것이다.

### 타로 길라잡이

달 아래에서 사물을 정확히 구별하기란 쉽지 않다. 또한, 달의 형태가 명확하지 않아 세상의 여러 동물은 불안한 상태이다. 바로 18. THE MOON(달)은 이런 불안한 상황을 알리는 카드이다. 물속의 가재가 육지로 나오려고 하지만 육지에서는 개와 늑대가 자리 잡고 있다. 즉, 주변의 어려운 상황이 있을지언정 용기 내어 본인의 본성 및 무의식(잠재의식)을 활용하고 의지하여 목적지로 가는 것이 중요하다는 것을 의미한다.

14. TFMPERANCE(절제)에서는 목적지에 왕관이 그려져 있지만, 18. THE MOON(달)에서는 목적지마저 명확하지 않다. 이는 목적지로 가는 과정이 힘들 수 있음을 알려 주고 있다.

## 파워 리딩

불안한 상황   명확하지 않은   두려움   속임수
사기나 배신   애매한   중상모략   갈등하는   동요하다

" 내일 친구의 소개로 점포 계약을 합니다. 어떻게 될까요? "

↳ 신중함이 필요합니다. 천천히 하나하나 파악하시고 진행하시기 바랍니다. 숨어 있는 문제 상황이 있을 수 있습니다.

" 친구와 동업을 하려고 합니다. 어떨까요? "

↳ 동업으로 많은 근심과 걱정이 있으시군요. 현재 애매한 상황에 놓여 있습니다. 관계를 명확히 해야 할 필요가 있으며, 신중하게 다시 한번 생각해 보시기 바랍니다. 속임수나 배신을 당할 수도 있습니다.

## 힐링을 위한 NLP상담 19
## 공포, 불안 등 부정적 정서 제거를 위한 공중분리기법

아주 높은 곳에 올라가 아주 조그맣게 보이는 아래를 내려다볼 때, 길거리를 걷다가 사나운 개가 나를 노려보고 있을 때, 산을 거닐다가 내 발밑을 스르르 스치는 뱀을 발견했을 때, 캄캄하고 허름한 장소에서 난데없이 눈에서 불빛을 내는 시커먼 쥐를 만났을 때, 캄캄하고 밀폐된 장소에 나 홀로 갇혔을 때, 수많은 대중 앞에 나서서 발표할 때 등 특정한 상황에서 누구나 불안, 두려움, 공포 등의 부정적 정서를 한 번 정도는 느껴봤을 것이다.

지금 이 책을 읽고 있는 독자 중에서도 본인이 경험했던 이런 상황만 다

시 떠올려 봐도(재경험) 가슴이 두근거리고, 식은땀이 흐르고, 머릿속이 혼란스러운 분들이 상당수 있을 것이다. 상담을 받으러 오는 내담자들을 분석해 봐도 이런 부정적 정서의 이유가 가장 큰 주류를 이루는 실정이다. 하지만, 우리는 이런 부정적 정서가 생기는 메커니즘을 정확히 파악하지 못해 문제 해결에 어려움을 겪고 있으며, 심지어는 평생 부정적 정서를 간직한 채 살아가야 하는 안타까운 현실에 직면해 있다. 이에 아주 손쉽게, 하지만 그 효과는 아주 강력한 공중분리기법을 소개한다.

분리기법이란 문제 상황을 객관화하고 마치 멀리서 보듯이 상상하는 NLP의 기초적인 상담 방법이다. 공중분리기법이란 분리를 공중에서 진행하는 방법으로, 공중으로 올라가서 문제 상황을 내려다보는 것처럼 경험하는 방법이다. 처음에는 낮은 공중에서 시작하다가 차츰 높은 공중으로 올라가서 문제 상황을 내려다보는 동안에 문제에서 해방될 수 있다. 하지만, 이 방법은 고소 불안(공포)감을 가지고 있는 사람에게는 적합하지 않다. 그런 사람에게는 '거리분리기법'을 활용하는 것이 좋다. 거리분리기법은 지상의 평지에서 멀리 떨어져서 문제 상황을 바라보는 것을 상상하는 것을 말한다.

[ 공중분리기법 ]

1 부정적인 정서를 경험하는 자신의 상태를 연합하여 경험하고 느껴보라. 감정이 어떠한지, 기분은 어떤지, 주변에 있는 사람과 환경에 대해 자세히 오감을 통해 연합한다.

2 천장 또는 전봇대 높이로 올라가서 자신의 부정적 정서를 경험하는 모습을 내려다본다고 생각하고 상상하라. 감정이 어떠한지, 기분은 어떤지, 주변에 있는 사람과 환경에 대해 자세히 오감을 통해 연합한다.

3 비행기 높이(구름 높이)로 올라가서 자신의 모습을 내려다보라. 감정이 어떠한지, 기분은 어떤지, 주변에 있는 사람과 환경에 대해 자세히 오감을 통해 연합한다.

4 우주대기권을 벗어나서 지구를 보라. 지구가 공처럼 작게 보일 정도로 멀리 가라. 그리고 이번에는 지구가 아예 보이지 않을 정도만큼 멀리 벗어나라. 그곳에서 지구 속에 있는 자신의 모습이 보이는지 상상해 보라. 아무것도 보이지 않을 정도로 완전히 분리하라.

5 편안하게 심호흡을 하고 우주의 공기를 마음껏 마시고 느껴 보라. 이때 필요하다면 행복하거나 즐거운, 좋은 상태에 이르는 데 도움이 되는 무엇이든 활용하여 연합하라.

6 다시 현장으로 내려와서 원래의 현장 모습이 어떻게 보이는지 확인해 보라.

7 이상의 방법을 2~3회 반복하여 진행한다. 지금 실습한 단 한 번만으로도 많은 독자의 문제가 상당히(또는 완전히) 해결되어 긍정적으로 변화됐을 것이다. 하지만, 아직도 부정적 정서가 약하게 남아 있다면 2~3회 반복 실습하여 남아 있는 부정적 정서를 완전히 제거하면 문제 상황은 해결될 것이다.

TIP 상담 중에 상담자가 미처 파악하지 못한 내담자의 고조된 부정적 상태(ex. 트라우마) 등에 대처하기 위해서 사전에 안정적 상태를 만들어 주는 앵커링 과정을 거쳐 주는 것이 좋다.

| 태양 | 생명력, 행복, 희망, 달성, 성취 |
|------|------------------------------|
| 붉은 깃발 | 행동, 실행 |
| 백마 | 순수, 자연적 에너지 |
| 담 | 보호, 안전 |
| 해바라기 | 헌신적 사랑, 태양의 상징, 행복, 기쁨 |
| 아이 | 순수, 자연적, 희망 |

**타로카드 이미지**

이름에 걸맞게 커다란 태양이 강한 후광을 뿜내며 밝은 표정으로 세상을 비추고 있다. 아무것도 입지 않은 아이가 백마를 타고, 왼손에 붉은 깃발을 들고, 머리에 화관을 쓴 채 만족스러운 표정을 짓고 있다. 담장이 세워져 있고 해바라기가 태양과 함께하고 있다.

**타로 길라잡이**

저자의 경험에 의하면 메이저카드 22장 중 19. THE SUN(태양)은 가장 긍정적인 카드이며 사랑, 성공, 달성을 의미하는 카드이다. 태양이 강하게 후광을 뿜내며 아이를 보호하고 있고, 태양의 상징인 해바라기 또한 그렇다. 담장 또한 아이를 보호하며 백마 또한 아이를 위해 헌신하고 조력한다. 카드 안에는 아이가 원하는 것을 성취하기 위한 환경이 조성되어 있으며 또한 빨간 깃발을 들고 모든 것을 성취한 듯한 표정이다.

TIP  19. THE SUN(태양)은 18. THE MOON(달)에 비해 밝고 선명한 얼굴을 하고 있다. 달빛에서는 사물을 자세히 구별하기 어렵지만, 햇빛 아래에서는 그렇지 않

다. 그러므로 19. THE SUN(태양)은 성취의 카드이며 달성의 카드이고 행복의
카드이다.

## 파워 리딩

성공  목표 달성  행복  성취  기쁨  합격

강인한 건강  임신  탄생  축복  좋은 결과  문제 해결

" 사업을 시작한 지 두 달이 되었습니다. 그런데 벌써 사업이 순조롭게 진행되어
걱정이 앞섭니다. 잘못되는 것은 아니겠지요? "

↳ 주위에서 많이 도와주고 계시는군요. 모든 것이 놀랍다고 생각할 수 있
지만 걱정하지 마세요. 이때를 즐기며 열심히 노력하세요.

" 결혼한 지 2년이 되었는데, 아직 아이가 없습니다.
우리 부부는 여러 가지로 노력 중인데요. 걱정이에요. "

↳ 근심이 크셨군요. 하지만, 걱정하실 필요 없습니다. 조만간 노력의 결실
을 맞게 되실 겁니다. 또한, 그 아이로 더욱 행복한 가정이 되겠군요.

힐링치유를 위한 NLP상담 20
### 성공을 위한 메타모델 & 밀턴모델

이 세상을 살아가면서 우리는 커뮤니케이션의 중요성에 대해 깨닫게 된
다. 잘못된 커뮤니케이션으로 싸움이 생기고, 원수가 되고, 살인까지 일어
난다. 반면에 정확하고 올바른 커뮤니케이션의 사용은 성공의 지름길이
된다. 이에 NLP에서 많이 사용하는 메타모델과 밀턴모델을 소개한다. 내
용이 어려운 만큼 이론적 부분만 파악하기로 하고, 상세한 내용은 정규교
육 과정에서 학습하기 바란다.

## 1 메타모델(Meta Model)

메타모델이란 어떤 사람의 글이나 말로써 표현된 언어 속에서 일반화, 왜곡, 생략과 같은 유형이 어떻게 작용하여 그의 세상 모형이 그려지는지를 설명하는 언어적 도구를 말한다. 메타모델에는 메타모델 위반과 메타모델 도전(메타모델 반응)이란 두 가지가 있다.

### ① 메타모델 위반(Meta Model Violations)

일반적으로 언어에는 한계가 있다. 이러한 한계로 인해 표층구조는 심층구조를 완벽하게 반영하지 못한다. 우리는 누구나 '언어의 한계'라는 제약을 받기에 본의 아니게 심층구조를 제대로 표현하지 못하는 '위반'을 경험할 수밖에 없다. 관계 상황에서도 내담자의 심층구조가 제대로 표출되지 않아 내담자의 내적 경험을 제대로 이해할 수 없는 경우가 있다. 이러한 과정이 일어나게 하는 메타모델의 언어 유형을 메타모델 위반(Meta Model Violations)이라고 한다.

### ② 메타모델 도전(Meta Model Challenge) 또는 메타모델 반응(Meta Model Response)

내담자가 메타모델을 위반하는 상황에서 심층구조를 찾아낼 때 사용하는 방식이다. 내담자에게 위반했음(또는 위반사항)을 지적하고 도전하되 질문의 형식으로 말하는 것이다. 이를 통해, 더욱 완전한 내적 경험에 대한 정보를 얻을 수 있을 뿐만 아니라, 언어적 표현으로 인해 얼마나 성장과 변화에 방해를 받고 있는지 알게 할 수 있다.

## 2 밀턴모델(Milton Model)

밀턴모델(Milton Model)은 심리치료의 대가인 밀턴 에릭슨(Milton H. Erickson)이 상담 과정에서 즐겨 사용했다고 하여 그의 이름을 따서 '밀턴모델'이라 불리게 되었다. 밀턴모델은 메타모델의 반대에 해당하는 것으로 어떤 상황에서 의도적으로 모호하고 추상적으로 표현하는 것을 말한다. 밀턴모델은 많은 왜곡, 일반화, 생략/삭제로 이루어지는 문장을 이루며, 그렇게 함으로써 포괄적이면서도 임의적인 해석이 가능하도록 하여 의도적으로 내담자의 트랜스 상태를 유도하는 표현을 사용한다.

| 천사 | 가브리엘, 하나님의 전령 |
|---|---|
| 하얀 깃발의 붉은 십자가 | 순수, 열정 |
| 구름 | 성스러움 |
| 물 | 무의식(잠재의식) |
| 눈 덮인 산 | 무의식(잠재의식), 새로운 변화 |

### 타로카드 이미지

구름 속에서 천사가 나와 하얀 바탕에 붉은 십자가 그려진 깃발이 달린 나팔을 불고 있다. 관 속에서 이 나팔의 부름에 의해 모든 사람이 팔을 벌리고 맞이하고 있다.

### 타로 길라잡이

20. JUDGEMENT(심판)는 자신이 실행한 결과에 대해 보상이 주어지거나 판결받는 카드이다. 이 20. JUDGEMENT(심판)를 부활의 카드라고도 이야기한다. 삶의 과정에서의 결과를, 죽음 후에 심판받고 새로운 시작을 할 수 있기 때문이다.

TIP 많은 타로 리더들이 20. JUDGEMENT(심판)를 희망의 카드, 만족의 카드라고 해석한다. 이는 일반적 해석에는 해당되지만, 면밀하게 따져보면 잘못된 해석이다. 11. JUSTICE(정의)가 무조건적인 승리를 나타내는 것이 아니라 공정한 판결의 결과라고 말했듯이 20. JUDGEMENT(심판) 또한 지나온 과정에 대한 심판이다. 즉, 내가 열심히 살아왔다면 좋은 결과, 심판을 받게 된다.

**파워 리딩**

" 지금 여러 직종의 취업 준비를 하고 있습니다. 어떤 방법이 가장 좋을까요? "

↳ 취업을 위해 많은 준비를 하셨군요. 내담자분이 지금까지 준비하면서 가장 열심히 해왔다고 생각되는 직종을 생각해 보세요. 그리고 정확한 판단으로 목표에 대한 믿음을 갖고 움직이는 것이 가장 좋은 방법입니다.

" 대학 시험을 위해 진짜 열심히 해왔는데 경쟁률이 너무 치열해서 걱정입니다. 다음 주가 발표인데, 어떻게 될까요?"

↳ 내담자분은 시험을 위해 열심히 해왔습니다. 너무 걱정하지 마세요. 열심히 한 만큼 이번 시험에서 만족할 만한 결과가 나올 것입니다.

## 힐링을 위한 NLP상담 21
## 새로운 발판, 나와 상대를 이해하기 위한 선호표상체계 검사

앞서 힐링을 위한 NLP상담 15에서는 성공으로 나아가기 위한 균형과 절충의 선호표상체계를 설명하였다. 이제 선호표상체계의 검사에 대해 살펴보자. 선호표상체계 검사 문항은 10문항으로, 각 문항은 시각·청각·신체감각·내부언어에 해당하는 4개의 보기로 구성되어 있다. 선호표상체계의 결과는 많은 분야에서 활용할 수 있다. 예를 들어, 학교 현장에서 시각형 선호표상체계를 가지고 있는 학생에게는 시각적인 감각을 적극적으로 활용할 수 있는 시각적인 학습 자료를, 신체감각형 선호표상체계를 가지고 있는 학생에게는 신체감각을 적극적으로 활용할 수 있는 학습 자료를 충분히 제공해 주는 것이 효율적인 교수 방법이며, 학생의 학업 성취율을 높이는 노하우다.

선호표상체계 검사의 문항은 다음과 같다.

[ **선호표상체계**[Favoured Representational System(Rep System)]* ]

### 1 검사

다음 각 문항을 읽고, 각 문항에 대한 네 가지의 예문 중에서 그 내용이 자신에게 가장 크게 해당하는 것에는 4점, 두 번째로 해당하는 것에는 3점, 별로 해당하지 않거나 해당하는 정도가 약한 것에는 2점, 가장 적게 해당하는 것에는 1점을 각 문항 앞의 빈칸에 각각 써놓으시오. 같은 점수를 두 번 이상 쓰지 않도록 하시오.

1. 내가 중요한 결정을 할 때 나에게 가장 영향을 미치는 것은 다음과 같다.
   ① 직관적인 느낌  ② 다른 사람들이 하는 말
   ③ 전체적인 일의 모습과 조화  ④ 면밀한 검토와 연구

2. 다른 사람과 논쟁을 벌일 때 내가 가장 민감하게 반응하는 부분은 다음과 같다.
   ① 상대방의 목소리 톤  ② 상대방이 논쟁하는 모습
   ③ 상대방의 논쟁 내용  ④ 상대방의 진실한 감정

3. 평소와는 다른 심리 상태가 되었을 때 가장 먼저 변하는 것은 다음과 같다.
   ① 옷차림새나 화장  ② 감정의 표현
   ③ 언어나 용어  ④ 목소리 상태

4. 나는 다음과 같은 것을 하는 게 가장 쉽다.
   ① 음질 좋은 오디오를 켜 놓고 음악을 듣기
   ② 관심 있는 주제와 관련하여 논리적으로 생각하기
   ③ 가장 안락하게 느껴지는 가구를 고르기
   ④ 색상이 잘 어울리는 디자인을 고르기

* K-NLP 국제공인 NLP 프랙티셔너 교재 인용

5. 나를 가장 잘 나타내는 것은 다음과 같다.

  ① 나는 주변의 소음에 민감하다.

  ② 나는 어떤 사실이나 자료를 분석할 때 논리성을 따진다.

  ③ 나는 옷의 촉감에 매우 민감한 편이다.

  ④ 나는 실내의 가구 배치나 색상에 민감한 편이다.

6. 사람들이 나를 알아가기 위해 다음과 같이 하는 것이 좋다.

  ① 내가 느끼는 것을 경험하기

  ② 나의 관점에 동의해 주기

  ③ 내가 어떤 말과 표현을 하는지 주의 깊게 들어보기

  ④ 내가 하고자 하거나 말하는 것의 의미에 관심 갖기

7. 나는 다음과 같이 하는 것을 좋아한다.

  ① 다른 사람들이 말하는 것을 듣기

  ② 계획을 세울 때 전체적인 모습을 먼저 그려보기

  ③ 정보나 자료가 있을 때 논리적 체계를 세우고 정리하기

  ④ 사람을 처음 만날 때 그에 대한 느낌을 중시하기

8. 나로 말할 것 같으면…

  ① 나의 눈으로 보고 확인하기 전에는 잘 믿지 않는 경향이 있다.

  ② 상대방이 애절한 목소리로 부탁하면 거절하지 못한다.

  ③ 나의 느낌상 옳다고 여겨지면 이유를 따지지 않고 믿고 받아들인다.

  ④ 이치에 맞고 합리적이라면 받아들인다.

9. 나는 스트레스를 받으면…

  ① 음악을 듣는다.

  ② 책을 읽고 사색을 한다.

  ③ 편안하게 누워서 휴식을 취한다.

  ④ 좋은 경치를 배경으로 하는 영화나 그림을 본다.

10. 나는 처음 본 사람을 다음과 같은 방식으로 기억한다.

  ① 얼굴 모습이나 옷차림새          ② 목소리

  ③ 그 사람에 대한 느낌          ④ 그 사람의 직업이나 하는 일

## 2 채점

1. 문제지의 답들을 문제별로 답의 순서에 따라 아래의 빈칸에 옮겨 쓰시오.

| 1 | 2 | 3 | 4 | 5 | 6 | 7 | 8 | 9 | 10 |
|---|---|---|---|---|---|---|---|---|---|
| K(　) | A(　) | V(　) | A(　) | A(　) | K(　) | A(　) | V(　) | A(　) | V(　) |
| A(　) | V(　) | K(　) | D(　) | D(　) | V(　) | V(　) | A(　) | D(　) | A(　) |
| V(　) | D(　) | D(　) | K(　) | K(　) | A(　) | D(　) | K(　) | K(　) | K(　) |
| D(　) | K(　) | A(　) | V(　) | V(　) | D(　) | K(　) | D(　) | V(　) | D(　) |

2. 각 기호에 해당하는 숫자를 문항별로 합하여 유형별로 합계점을 구하시오(이후, 꺾은선 그래프로 표시할 수도 있음).

| | V | A | K | D |
|---|---|---|---|---|
| 1 | | | | |
| 2 | | | | |
| 3 | | | | |
| 4 | | | | |
| 5 | | | | |
| 6 | | | | |
| 7 | | | | |
| 8 | | | | |
| 9 | | | | |
| 10 | | | | |
| 계 | | | | |
| | V | A | K | D |

## 21. THE WORLD  세계

| 큰 월계수 | 인생의 순환, 우주의 원리, 완성 |
|---|---|
| 보라색 천 | 신비로움 |
| 지팡이 | 진화, 지혜의 힘 |
| 옷을 입지 않은 여인 | 순수함, 완성함 |

### 타로카드 이미지

무한대(∞)의 표시가 있는 큰 월계관 안에서 한 여인이 옷을 입지 않은 채 양손에 지팡이를 들고 있다. 카드 속 여인은 보라색 천을 몸에 감싸고 목표 달성이라도 한 것처럼 만족해하며 행동을 취하고 있다. 10. WHEEL of FORTUNE(운명의 수레바퀴)과 마찬가지로 네 모퉁이에는 사람, 황소, 사자, 독수리가 자리해 있다.

### 타로 길라잡이

21. THE WORLD(세계)는 지금까지의 인생의 여정, 과정에서의 완성을 의미한다. 또한, 그 완성은 성공적인 결과이며 새로운 출발을 위한 한 단계 업(Up)된 결과이기도 하다. 모든 장애물을 극복하고 목적을 이루어냈다고 해서 21. THE WORLD(세계)를 일명, 달성의 카드라고도 한다.

TIP  10. WHEEL of FORTUNE(운명의 수레바퀴)과 21. THE WORLD(세계)는 네 모퉁이에 사람, 황소, 사자, 독수리가 자리해 있다는 공통점이 있다. 하지만, 10. WHEEL of FORTUNE(운명의 수레바퀴)에서는 아직 최종적인 완성이나 목적을 달성하지 못해 계속해서 열심히 연구하며 정진하는 모습이고, 21. THE WORLD(세계)에서는 모든 과업과 목적을 달성하여 책들을 놓아버린 모습으로 차이를 파악할 수 있다. 또한, 그런 배움의 과정을 통해 성숙해진 모습의 변화를 살펴볼 수 있다. 즉, 10. WHEEL of FORTUNE(운명의 수레바퀴)은 큰 목적을 달성하기 위한 아주 작은 목적들의 완성을 의미하고, 21. THE WORLD(세계)는 큰 사이클의 완성을 의미한다. 21. THE WORLD(세계) 이후 다시 0. THE FOOL(바보)로의 한 단계 진화, 발전을 통한 새로운 여정이 시작될 것이다.

### 파워 리딩

성공   해피엔딩   큰 사이클의 완성   목표를 달성하다   결혼
노력한 대가를 받다   완전한 상태를 이루다   새로운 시작

" 지금 사귀고 있는 여자 친구와 결혼을 할 수 있을까요? "

↳ 내담자분이 지금 사귀고 있는 여성분은 진실하고 순수한 분이군요. 더군다나 두 분 사이가 좋은 연인 사이였군요. 두 분은 결혼할 수 있고, 행복한 결혼 생활을 시작할 수 있을 것입니다.

" 다음 달이 승진 발표가 있는 달입니다.
정말 열심히 노력했습니다. 어떻게 될까요? "

↳ 내담자분이 정말 열심히 노력하셨군요. 또한, 주위에서 도와주시는 분들도 많이 계시는군요. 이번 승진에서 좋은 결과가 있을 것이며 그로 인해 한 단계 직위가 높아진 새로운 삶을 시작하실 수 있을 것입니다.

### 힐링을 위한 NLP상담 22
## 완성을 위한 하위양식 신념변화 기법(Submodalities Belief Change)

우리는 알게 모르게 여러 가지 신념을 가지고 살아간다. 이 신념이 우리가 인생을 살아가는 데 에너지로 적용될 수도 있고, 오히려 제한적 요인으로 적용될 수도 있다.

## [ 하위양식 신념변화 기법(Submodalities Belief Change)* ]

제한적 신념(Limiting Belief)이란 스스로의 발전을 저해하는 파괴적 신념을 말하며(ex. "나는 못난 사람이다", "나는 무능한 사람이다", "나는 이번에도 실패할 것이다.") 활성신념(Empowering Belief)이란 자신에게 힘을 주는 긍정적 신념을 말한다(ex. "나는 성공할 수 있다", "나는 유능한 사람이다", "사람들은 나를 좋아한다"). 이런 제한적 신념을 활성신념으로 변화시키는 기법을 소개한다. 단, 작업 전에 먼저 제한적 신념과 새롭게 희망하는 새로운 활성신념을 확인하라.

**1  제한적 신념 확인하기**("맞아, 그래!")

"당신에게는 제한적 신념이 있습니까? 있다면 그것은 어떤 것입니까? 지금 그 신념을 생각할 때 마음속에 영상이나 이미지가 떠오릅니까?" 이때 "맞아, 그래!"와 관련된 이미지가 떠올라야 한다(1의 하위양식을 확인하라).

**2  과거에는 사실이었으나 더는 사실이 아닌 것 확인하기**("말도 안 돼!")

"과거 한때는 옳았거나 사실에 해당했지만, 지금은 그렇지 않게 된 것이 있습니까? 예를 들어, 당신은 과거에 한때 애연가였을 수 있습니다. 그래서 과거에는 본인을 애연가라고 생각했겠지만, 현재 금연한 상태라면 자신이 애연가라고 생각하지 않습니다. 결혼하기 전에는 미혼이라고 말할 수 있었겠지만, 결혼한 이후에는 그렇게 생각하거나 말하지 않습니다. 이러한 예와 같이 한때는 사실이었으나 지금은 당신에게 적용되지 않거나 타당하지 않은 옛날의 사실이 있습니까? 만약 있다면 그것은 무엇입니까? 당신이 그 옛 사실에 해당하는 말을 스스로에게 하거나 그러한 사실을 생각할 때 마음속에 영상이나 이미지가 떠오릅니까? 그 옛 사실과 관련한 이미지나 영상은 어떤 식으로 마음속에 떠오릅니까?" 이 경우에 옛 사실 자체의 이미지를 떠올리는 것이 아니라 현재는 사실이 아닌 그 사실을 말할 때 어떤 느낌이나 이미지가 떠오르는지에 주목을 해야 한다. 이때 "말도 안 돼!"라는 느낌이 되어야 한다 (2의 하위양식을 확인하라).

**3  하위양식 바꾸기와 테스트**

1의 하위양식(특히 결정적 요인)을 2의 하위양식으로 바꾸라. "이제 그 옛 사실에 대해서 어떻게 생각합니까?", "그 옛 사실이 여전히 타당하게 느껴집니까?"

**4  절대적 사실에 관한 신념**(보편적 신념) **확인** ("당연하지!")

* K-NLP 국제공인 NLP 프랙티셔너 교재 인용

"당신은 지금 절대적으로 사실적인 신념을 생각할 수 있습니까? 예를 들면, '내일도 태양은 떠오를 것'이라는 신념과 같은 것입니다. 그것은 일종의 보편적 신념입니다(또는 '인간은 언젠가 죽는다.'와 같은 신념도 마찬가지). 당신은 그와 같은 신념을 생각할 수 있습니까? 당신이 그 신념을 생각할 때 마음속에 어떤 영상이나 이미지가 떠오릅니까?" 이때 "당연하지!"와 같은 이미지가 떠올라야 한다(4의 하위양식을 확인하라).

## 5 새로운 활성신념 갖기

"당신은 1의 신념과는 반대되는, 당신이 갖고 싶은 긍정적 신념을 생각할 수 있습니까? 그것은 무엇입니까? 당신이 그 신념을 생각할 때 마음속에 영상이 떠오릅니까?(5의 하위양식을 확인하라.)"

## 6 하위양식 바꾸기와 테스트

5의 하위양식을 4의 하위양식으로 바꾸라. 이때 어떤 변화가 있었는지 테스트해 보라. "이제 새로운 활성신념에 대해서 어떻게 생각합니까?", "새로운 신념이 사실 같이 느껴집니까?", "원래의 제한적 신념이 아직도 유효하거나 여전히 당신에게 적용됩니까?"

# Ⅱ. 마이너카드

마이너카드는 WANDS(지팡이), CUPS(컵), SWORDS(검), PENTACLES(동전)의 4개의 슈트로 구성된다. 이 4개의 슈트는 우리의 인생사, 세상사 등 모든 것을 내포하고 있으며 또한 모든 것을 표현할 수도 있다.

| | |
|---|---|
| 1. WANDS(지팡이) | WANDS(지팡이)는 행동, 모험, 에너지, 투쟁을 상징한다. WANDS를 자세히 살펴보면 새로움과 생명력을 의미하는 새싹이 돋아나고 있음을 알 수 있다. |
| 2. CUPS(컵) | CUPS(컵)는 감정, 사랑, 관계를 의미한다. 특히, 컵이 쓰러져 있거나 컵 속의 물이 쏟아져 나오는 경우에는 불행, 실망 등의 나쁜 의미를 갖게 된다. |
| 3. SWORDS(검) | SWORDS(검)는 정서적인 상처, 갈등, 고통을 의미한다. SWORDS는 너무 신중한 나머지 행동으로 옮기지 못함, 그로 인한 문제를 의미하기도 한다. |
| 4. PENTACLES(동전) | PENTACLES(동전)는 일, 경제, 책임감, 실제적 문제와 관련이 있다. PENTACLES의 별 모양은 한붓그리기가 가능하다. 이것은 보호를 의미한다. |

## ACE of WANDS

| 새로운 시작, 성공, 창조력, 기회, 자신감, 주도적

 구름에서 나온 손이 지팡이 하나를 집어 들고 있다. 지팡이에서 8개의 새싹이 떨어지고 있으며, 아래 세 그루의 나무와 성(앞으로 이룰 성공)이 보인다. 이 카드는 새로운 프로젝트(사업)라는 기회가 생김을 의미하거나 자신감과 열정을 통해 현재의 어려움과 시련을 극복하고 목표를 이룩함을 의미한다.

## TWO of WANDS

| 계획(갈등), (작은) 확장, (작은) 도전, 선택,
| 새로운 계획, 기다림, 용기

 한 남자가 오른손에 지구본(이미 성취한 것)을 들고 왼손에는 지팡이를 짚고 성 밖을 바라보고 있다. 또한, 정면이 아닌 옆모습이 보인다. 두 개의 지팡이 중 하나는 손에 들고 있으며, 다른 하나는 성벽에 걸려 있다. 왼쪽 막대기 밑 성벽에는 하얀 백합과 붉은 장미가 교차되어 있다. 이는 주인공의 순수함과 열정이 교차하고 있음을 의미한다.

## THREE of WANDS

목표 달성, 성공, (큰) 확장, (큰) 도전, 새로운 (큰) 계획, 강력한 통찰력

한 남자가 지팡이 두 개를 등지고 오른손에 지팡이 한 개를 짚고 저 멀리 항해 중인 배들을 바라보고 있다. 이번에는 완전히 등을 돌리고 있다. 막대기도 3개, 막대기에 핀 싹도 3개, 항해하는 배도 3개…. 3은 1+2로 1은 남성, 2는 여성을 의미하며, 남성과 여성이 만나 최초의 완성을 이루는 완성수다.

## FOUR of WANDS

축하, 결혼, 풍요, 결실, 성공, 승리, 평화, 안정

커다란 지팡이 네 개가 풍성한 꽃과 과일로 장식되어 나란히 꽂혀 성으로 통하는 입구를 나타내고 있다. 지팡이와 성 사이에서 두 여자가 세 개의 꽃다발을 들고 축하를 위해 환영을 하고 있다. 누가 보더라도 행복해 보이고 따뜻함이 느껴지는 카드이다.

| 논쟁, 갈등, 분열, 투쟁, 욕망, 서로 얽힌, 열띤 토론

서로 다른 옷(서로의 의견이 다름)을 입은 다섯 명의 아이들이 각자의 의견을 주장하듯 막대기를 휘두르고 있다. 하지만, 그 누구도 상대를 직접 가격하고 있지 않은 것으로 보아 의욕을 고취한다는 긍정적 의미도 담고 있다. 약간의 긴장은 일의 능률을 향상시킨다는 의미와 상통한다.

| 합심으로 이루어 낸 성공, 승리, 합격, 리더십, 추종, 명예, 의견 통합

월계관을 쓴 한 남자가 초록색 망토(풍요, 안정)를 걸친 백마를 타고 오른손에는 월계관을 꽂은 지팡이를 들고 있다. 주위에도 이를 같이 축하하듯 많은 사람이 주인공을 따르고 있다. 이 카드는 일명 성공의 카드, 승리의 카드라 부른다.

## SEVEN of WANDS

| 방어, 용기, 극복, 성공, 자신감, 저항, 끈기, 열정

이 카드는 일명 방어의 카드라고 불린다. 지팡이 6개가 아래로부터 공격을 가하고 있고, 주인공은 용기 내어 잘 막아내고 있다. 주인공은 좋은 자리를 선점하고 있고, 충분히 상대의 공격을 막아낼 수 있다. 용기 내어 자신감 있게 행동하라는 의미의 카드이다.

## EIGHT of WANDS

| 이동, 빠른 진행(행동), 좋은 결과, 합격, 성공,
| 곧 결과에 이름

마이너카드 중에서 ACE 카드를 제외하고 유일하게 사람이 등장하지 않는 카드이다. 따라서, 이 카드는 사람에 의해서라기보다 사건이나 환경에 의해 진전되는 경우가 많다. 지팡이 8개가 빠르게 이동하고 있음은 사건의 진행이 빠르게 이루어짐을 의미한다. 성공과 만족, 문제 해결을 의미하는 카드이다.

## NINE of WANDS

방어, 용기, 두려움, 고난, 힘겨움, 재계획, 집중의
필요성

막바지에 이른 싸움에서 많이 지친 주인공이 잘
막아낸 8개의 지팡이를 보며 지팡이 하나에 의지하
고 있다. 주인공은 현재 많이 힘든 상태지만, 끝까지
방어해낼 각오를 하고 있다. 끝까지 경계를 늦추지
말아야 함을 나타낸다.

## TEN of WANDS

욕망, 과부하, 성공을 위한 노력, 책임감, 압박감,
역부족

주인공은 혼자 나르기 버거울 정도의 지팡이 10개
를 누군가의 도움 없이 짊어진 채 나르고 있다. 당연
히 앞을 볼 수도 없고 힘이 든다. 하지만 목적지가 얼
마 남지 않았다. 조금만 힘내어 전진한다면 목적지
에 도착해 성공의 묘미를 맛보게 될 것이다.

## PAGE of WANDS

| 호기심, 열정, 신뢰 있는, 넘치는 자신감, 하나의 목표

한 젊은 소년이 지팡이를 양손으로 잡고 지팡이에서 돋아나오는 싹을 바라보고 있다. PAGE는 흙의 성향, WANDS는 불의 성향으로 새로움에 대한 열의로 가득 차 있다. 이 주인공은 여러 가지에 쉽게 열정을 보이지만, 그 열정이 쉽게 식어버리기도 한다. 호기심이 아주 많고 믿을 수 있는 아랫사람을 의미한다.

## KNIGHT of WANDS

| 도전적인, 열정적인, 성급한, 모험적인, 야심찬

한 젊은 기사가 지팡이를 오른손에 들고 말에 탄채 달리고 있다. KNIGHT는 공기의 성향, WANDS는 불의 성향으로 불에 공기를 더하니 성급함도 강하고 일의 진행도 속전속결이다. 이 주인공은 일의 추진력 부분에서는 장점이 있으나 완결 짓지 못할 수 있다는 단점이 있다.

## QUEEN of WANDS

욕망이 강한, 주도적인, 정열적인, 실용적인, 능력 있는, 유능한, 관대한

여왕이 오른손에 지팡이를 짚고, 왼손에는 해바라기(태양의 상징)를 들고 사자가 새겨진 왕좌에 당당히 앉아 있다. QUEEN은 물의 성향, WANDS는 불의 성향으로 감수성이 풍부하고 정열적임을 나타낸다. 주인공은 아주 현명하고 실용적이고 다재다능한 능력의 소유자이다.

## KING of WANDS

강력한 리더십, 지적인, 유능한, 창조적인, 통찰력 있는, 책임감 있는

왕이 오른손에 지팡이를 짚고 사자가 그려진 왕좌에 옆면으로 앉아 있다. KING은 불의 성향, WANDS도 불의 성향으로 정열적이고 직관적이다. 주인공은 빈틈이 없고 지도력 있는 창조적인 능력자이다.

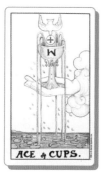

새로운 시작, 깊은 만족, 감정의 충만, 성공, 사랑이 싹트는, 감성 충만, 행복

구름에서 나온 손이 컵을 받들고 있다. 컵에서는 다섯 개의 물줄기가 나오고, 26개의 물방울이 떨어지고 있다. 또한, 비둘기 한 마리가 성체를 물고 컵으로 날아 들어가고 있다. ACE of CUPS는 새로운 정서적, 감정적 시작을 의미하며 정신적 충만, 사랑과 행복을 상징한다.

감정의 교류, 의사소통, 교감, 사랑, 결합, 화해, 협상, 신뢰, 공감

두 남녀가 머리에 화관을 쓰고 서로 마주 보며 컵을 교환한다. 서로 다른 옷(환경이 다름)을 입고 있는 남녀가 마음을 하나로 결합하는 카드이다. 즉, 사랑이 시작되는 카드이며, 감정의 결합, 갈등의 해소를 의미한다.

축배, 축하, 협상, 화합, 행복, 성공, 문제 해결, 목표 달성

　하얀 옷(순수), 빨간 옷(정열), 노란 옷(지성)을 입은 세 명의 여자가 각자의 컵을 높이 들어 건배하며 즐기고 있다. 이 카드는 행복, 풍요로움을 의미하는 기분 좋은 카드이다. 일명 협동의 카드로, 서로 다른 사람들이 합심하여 일을 성취하고 어려움을 극복하는 카드이다.

권태기, 정체기, 몰입, 불만족, 무기력, 포기, 낙담, 상실감, 싫증

　나무 아래에 한 남자가 팔짱을 끼고 불만스러운 표정으로 세 개의 컵을 바라보고 있다. 구름 속에서 주어지는 컵(새로운 기회)을 보지 못한 듯 관심이 없다. 이 카드는 거부의 카드로 권태기를 상징하기도 한다. 분위기는 우울하고 침체적이다.

집착, 실패, 부분적 손실, 상심, 후회, 외로움, 실망스러운, 불행한 관계, 미련이 남는

검은 망토(슬픔, 침울함)를 입은 한 남자가 세워져 있는 두 개의 컵을 뒤로한 채 쓰러져 있는 세 개의 컵을 보고 슬퍼하며 실망하고 있다. 이 카드를 비탄의 카드, 과거에 매여 있는 카드라고도 한다. 바로 긍정적 사고의 중요성에 대해 언급하는 카드이다.

향수, 동심, 추억, 집착, 과거와 관련된, 순수한, 희망을 건네다, 프러포즈

한 소년이 꽃이 든 컵을 소녀에게 전해 주고 있다. 배경으로 보아 어린 시절의 추억을 나타내는 카드일 수 있다. 여섯 개의 컵 안에 든 꽃들은 모두 하얀 꽃으로 순수함을 의미한다. 과거의 동심과 순수함, 희망을 강조한 카드이다.

> 뜬구름 잡는, 과대망상, 환영, 선택, 현실성 없는,
> 망설임, 어찌할 바를 모름

이 카드는 과대망상, 환영, 선택을 나타내는 카드이다. 구름 위에 컵 7개가 놓여 있고, 그 컵 안에 온갖 환영들이 들어 있다. 주인공의 모습 또한 그림자처럼 명확하지 않다. SEVEN of CUPS 카드는 현실을 직시하고 행동하라는 의미의 카드이다.

> 포기, 후퇴, 은둔, 새로운 출발, 전환, 명퇴, 돌아섬

컵 8개가 잘 쌓여 있고, 한 개의 컵만 쌓으면 결실을 보게 되는 상황이다. 하지만, 주인공은 지팡이를 짚으며 떠나가고 있다. EIGHT of CUPS 카드는 타인에 의해서가 아니라 본인의 의지로 지금까지의 결실을 뒤로한 채 포기하고 떠나는 것을 표현하는 카드이다.

## NINE of CUPS

| 만족감, 성공, 풍요, 건강, 목표 달성, 행복, 평화로움

이 카드는 만족, 성공, 풍요를 나타내는 카드이다. 나무 의자에 건장한 남자가 팔짱을 끼고 만족스럽고 자랑스러운 모습으로 앉아 있다. 그 뒤로는 아홉 개의 컵이 파란 천 위에 정렬되어 있다. NINE of CUPS 카드는 정신적, 육체적 풍요로운 만족 상태를 의미한다.

## TEN of CUPS

| 행복, 성공, 만족, 기쁨, 가정, 결혼, 안정적인, 해피엔딩

이 카드는 행복, 성공, 축하의 카드이다. 가족으로 보이는 부부가 무지개 위에 정렬된 10개의 컵을 보며 팔을 벌리고 있으며, 옆에서는 두 아이가 즐겁게 놀고 있는 이미지이다. TEN of CUPS 카드는 한 가족의 평화와 행복을 보여 주는 카드이다.

| 호기심, 감정이 풍부한, 예술적인, 순수한, 예민한

한 젊은 소년이 물고기가 든 컵을 손에 들고 바라보고 있다. PAGE는 흙의 성향, CUPS는 물의 성향으로 새로움에 대한 열의로 가득 차 있고 연애적인 면에서도 능력이 있다. 이 주인공은 여러 가지에 쉽게 관심을 보이지만 쉽게 마음의 변화가 생길 수 있다. 호기심이 아주 많고, 마음이 따뜻하고, 재치가 있고, 예술적 감각이 있다.

| 새로운 시도, 제안, 성공, 기회, 좋은 만남

한 젊은 기사가 컵을 오른손에 들고 물고기가 그려진 갑옷을 입고 마치 청혼을 하듯 말을 타고 가고 있다. KNIGHT는 공기의 성향, CUPS는 물의 성향으로 물에 공기를 더하면 물의 성향 즉, 차분하고 감성적인 부분이 더 드러나게 된다. 이 주인공은 창의적이고, 감성적이고, 예의 바르고, 섬세하다.

## QUEEN of CUPS

| 예민한 감수성, 헌신적인, 깊은 감정, 좋은 대인관계

여왕이 양손에 손잡이가 있는 뚜껑 달린 화려한 컵을 들고 케루빔이 새겨진 왕좌에 옆모습으로 앉아 있다. QUEEN은 물의 성향, CUPS도 물의 성향으로 감수성이 상상을 초월할 만큼 풍부하고 직관적임을 나타낸다. 주인공은 아주 감정적이고, 헌신적이며 창조적이다.

## KING of CUPS

| 넓은 마음, 자애로움, 예술적인, 로맨틱한, 관용적인, 사교적인

왕이 오른손에 컵을 들고, 왼손에는 왕홀(Scepter)을 들고 파도치는 바다 위 왕좌에 앉아 있다. 바다(감정)에 휩쓸려 가는 것처럼 보이기도 한다. KING은 불의 성향, CUPS는 물의 성향으로 관대하고 정중하다. 주인공은 사색적이고, 상상력이 풍부하며 책임감이 있다.

## ACE of SWORDS

명예, 권력, 승리, 강한 정신력, 목적의식, 굳은 의지, 주도권

구름에서 나온 손이 검 하나를 집어 들고 왕관을 통과하고 있다. 검에서 6개의 빛이 떨어지고 있으며, 아래 배경에서는 삭막함이 느껴진다. 이 카드는 모험적인 프로젝트(사업)에 대한 기회를 의미하거나 굳은 의지력, 결의를 통해 현재의 어려움과 시련을 극복하고 목표를 이룩함을 의미한다.

## TWO of SWORDS

갈등, (불완전한) 균형, 조화, 자기방어, 우유부단, 선입관

한 여자가 회색 옷을 입고 눈을 가린 채 두 개의 검을 양손에 들고 자신의 가슴에서 교차시키고 있다. 그 뒤로 달이 떠 있고 바닷속에 바위가 두 개 보인다. 이 카드는 어떤 결정을 내리기 어려운 상황이나 행동하기 어려운 상황에 나오는 카드로 현재 균형은 유지하고 있지만 전혀 움직일 수 없는 상황이다. 용기를 갖고 행동하면 문제 상황을 해결할 수 있음을 의미한다.

## THREE of SWORDS

| 상처, 이별, 슬픔, 파탄, 손실, 고통, 배신감

　하늘에는 먹구름이 끼어 있고, 비가 내리고 있는 상황에서 세 개의 칼이 심장을 찌르고 있다. 단순히 작은 상처, 실망, 좌절이라는 가벼운 상황부터 큰 상처, 복구하기 힘든 좌절까지 리딩될 수 있다. 이 카드는 정신적, 육체적, 영적(운명적)으로 모두 고통을 받고 있음을 의미할 때도 있다.

## FOUR of SWORDS

| 휴식, 치유, 전진을 위한 일시적 후퇴, 회복, 여유와 안정, 은둔

　한 남자가 누워 기도하듯 두 손을 모으고 있고, 그 위에 세 개의 검이, 옆에 한 개의 검이 자리해 있다. FOUR of SWORDS 카드의 주인공은 힘들고 버거운 상황에서 벗어나 얼마 동안의 치유와 휴식을 위한 시간을 갖고 있다.

| 패배, 실패, 불명예, 거만, 경쟁, 배신, 이기심, 분열

FIVE of SWORDS에는 세 명의 등장인물이 있다. 가장 근접하여 크게 보이는 사람은 칼을 쥐고 승리에 대해 거만하게 만족해하는 표정이다. 하지만, 이 카드에서의 주인공은 뒤에 있는 사람들 즉, 패배자들이다. FIVE of SWORDS 카드는 단순한 다툼에서의 패배라기보다 심각한 싸움에서의 패배로, 상대가 나보다 많이 강함을 의미한다.

## SIX of SWORDS

| 이동, 이유 있는 여행, 해방, 극복해 나가는 긍정적인 변화, 변화의 시기

좋지 않은 상황에 있는 여인과 아이가 검 6개가 꽂힌 배를 타고 물결이 거친 영역에서 잔잔한 영역으로 이동하고 있다. 두 사람 모두 등을 돌리고 고개를 숙인 것을 보면 현재 상황이 어렵다는 것을 짐작할 수 있고, 물결이 잔잔한 곳으로 이동하는 것을 보면 곧 안정을 찾아갈 것이라는 걸 예상할 수 있다.

## SEVEN of SWORDS

경솔함, 자만심, 위험함, 성급함, 부분적 성공, 자신만의 이익

한 남자가 검 5개를 거꾸로 들고, 조심스레 빠져나오면서 앞을 보며 주의를 기울이기는커녕 남겨둔 2개의 검에 시선을 두고 있다. 자칫 잘못하다가는 들고 있는 검에 크게 다칠 수 있다. SEVEN of SWORDS 카드는 경솔함과 성급함을 경고하는 카드이기도 하다.

## EIGHT of SWORDS

속수무책, 고통, 위기상황, 두려움, 고민, 혼란, 부정적 사고에 사로잡힌

그림을 보면 여덟 개의 검이 본거지로 가는 길을 차단하고 있는 상태다. 검 앞에는 한 여인이 흰 천에 의해 눈이 가려지고 온몸이 묶인 채로 서 있다. 난관에 부딪힌 것이다. EIGHT of SWORDS 카드는 이런 힘들고 어려운 상황에서 굳은 의지로 자신감을 갖고 해결책을 찾으면 극복할 수 있음을 알려 준다.

## NINE of SWORDS

스트레스, 근심, 외로움, 우울증, 상처, 고통, 이별, 절망, 후회

한 여인이 침대에서 일어나 두 손으로 얼굴을 감싸고 고통스러워하고 있다. 다행히 9개의 검은 주인공을 직접 가격하지 않고 옆으로 지나치고 있을 뿐이다. 이것은 현실 상황이 내담자가 느끼는 근심보다는 덜 심각하다는 것을 의미한다. 따라서, 주인공이 마음을 굳게 먹고 현실을 파악해 대처한다면 근심에서 벗어날 수 있을 것이다.

## TEN of SWORDS

파멸, 절망, 불행, 죽음, 부정적 사고의 현실화

주인공이 10개의 검에 온몸이 찔린 채 죽었다. 저 멀리 동이 트고 날이 밝아오고 있다. 이런 이미지는 13. DEATH(죽음)와 비슷하다. 더 이상의 파국은 없다. 새로운 시작을 알리는 카드로 보통 극도의 스트레스 상태나 건강 상태에서 잘 나오는 카드이다. 주변 상황이나 사고방식 등에서 새로운 개선이 필요함을 알리기도 한다.

## PAGE of SWORDS

| 성급함, 냉정함, 목적의식, 경계, 민첩함, 대범함

한 젊은 소년이 언덕 위에서 검을 양손으로 잡고 주위를 경계하고 있다. PAGE는 흙의 성향, SWORDS 는 공기의 성향으로 재치 있고 민첩하지만, 자기중심적이다. 이 주인공의 갈색 상의와 붉은 부츠는 충성심과 열정을 의미한다. 조금 더 신중하게 판단하고 행동하라고 알려 주는 카드이기도 하다.

## KNIGHT of SWORDS

| 행동력, 의리, 용기, 자신감, 대담한, 분노, 공격적

한 젊은 기사가 칼을 오른손에 들고 엄청난 속도로 말을 타고 달리고 있다. KNIGHT는 공기의 성향, SWORDS도 공기의 성향으로 공기에 공기를 더하니 KNIGHT of WANDS보다 행동에 있어 성급함도 더욱 강하고, 일의 진행도 더욱 빠르다. 하지만, 행동이 너무 앞선다. 이 주인공은 유능하고 대담하다는 장점이 있지만, 일을 잘 저지르는 무모한 사람일 수 있다는 단점이 있다.

## QUEEN of SWORDS

이성적, 공정, 합리적, 완벽주의, 어려운 상황, 강한 정신력

　여왕이 오른손에 검을 들고, 왼손을 위로 들고 있으며 케루빔이 새겨진 왕좌에 당당히 앉아 있다. QUEEN은 물의 성향, SWORDS는 공기의 성향으로 생각은 많지만, 마음을 움직이지 못해 거칠고 독립적인 성격을 가지고 있다. 주인공은 아주 합리적이고, 공정하며, 감정을 배제하는 경향이 있다.

## KING of SWORDS

카리스마, 분석적, 논리적, 공정한, 권위, 전문가

　왕이 오른손에 검을 들고 나비가 그려진 왕좌에 정면으로 앉아 있다. KING은 불의 성향, SWORDS는 공기의 성향으로 너무나 객관적이다. 주인공은 지적이고 대단히 단호하며, 권위적이고 탁월한 능력의 소유자이다. 존경을 받으면서도 너무나 객관적이어서 냉혹하다는 평을 듣기도 한다.

큰 수익, 금전, 재정, 성공, 사업, 투자, 물질적 번영, 행복

구름에서 나온 손이 커다란 펜타클을 받쳐 들고 있다. 아래의 배경에는 붉은 꽃과 흰 백합이 어우러져 있으며 아치형 넝쿨 사이로 산으로 가는 길이 나 있다. 이 카드는 금전적인 부분과 연관된 긍정적인 신선한 출발을 의미한다.

## TWO of PENTACLES

불안정한, 양다리, 순조로운 해결, 양자택일, 집중, 두 가지 일을 동시 진행

한 남자가 양손에 펜타클을 하나씩 들고 묘기를 보이는 듯 행동하고 있는 모습이 불안정해 보인다. 양손의 펜타클은 무한대(∞) 모양의 띠로 연결되어 있다. 이 카드는 두 가지 중에서 하나를 선택해야 하는 상황에서나 금전적 압박의 균형을 맞춰야 하는 상황 등에서 나오는 경우가 많다.

협력, 동업, 의견 합심, 전문적 기술, 역할 분배, 기부, 투자

한 명의 장인과 두 명의 의뢰자들이 작업에 대해 상의를 하고 있다. 이 카드는 금전적인 문제 또는 사업적인 것과 관련이 있고, 사업적인 부분에서의 동업을 나타내기도 한다. 삼각관계가 될 수도 있고, 서로 도움을 주고받을 수 있는 카드이다.

강한 소유욕, 자기중심적, 집착, 인색, 욕심, 인색함, 절약, 저축, 풍요

왕관을 쓴 한 남자가 펜타클을 머리에 이고, 가슴에는 두 손으로 잡고, 발밑에는 두 개의 펜타클을 밟고 있다. 이 카드는 두 개의 의미로 파악할 수 있다. 첫째는 금전적 인색함, 애착을 버리고 관용을 베풀어야 한다는 것, 둘째는 자기의 것을 잘 지키고 아끼라는 의미다.

| 경제적 어려움, 가난, 기회를 놓침, 실패, 근심, 역경, 삶에 찌든

이 카드는 금전적인 궁핍을 의미하는 카드이다. 두 명의 걸인은 눈 내리는 밤에 빙판길을 걷고 있다. 한 사람은 맨발이고 한 사람은 목발을 짚고 있으며, 교회의 창문(도움의 손길)을 보지 못하고 지나치고 있다. 어렵고 힘든 현실을 정확히 파악하지 못하면 정신적인 고통이 있을 수도 있고 물질적인 손실이 있을 수도 있다.

| 분배, 관용, 나눔, 만족, 기쁨, 공평함

한 남자가 정확히 저울로 측정을 하여 두 사람에게 금전을 균등하게 나눠 주고 있다. 아래에 도움을 받는 두 사람의 표정에서 존경과 감사함을 느낄 수 있다. 주의할 점은 내담자가 금전을 나눠 주는 사람일 수도 있고, 도움을 받는 사람일 수도 있다는 것이다.

| 계획, 수확, 점검, 심사숙고, 욕심

한 젊은 남성이 수확을 앞둔 일곱 개의 펜타클을 바라보며 생각에 잠겨 있다. 그동안의 결과에 대한 중간 평가일 수도 있고, 앞으로의 계획을 위한 진지한 시간을 갖고 있는 것일 수도 있다.

| 근면 성실, 수련자, 인내, 미완성, 노력, 검소함

한 젊은 남자가 의자에 앉아 펜타클을 조각하고 있다. 여섯 개는 완성되어 걸려 있고, 한 개는 작업 중이며, 한 개는 작업 전이다. 근면하고 성실히 기술을 수련하는 것이 미래의 큰 자산과 경쟁력이 된다는 것을 의미하는 카드이다.

| 풍요, 자유, 성공, 휴식, 보상, 행복, 만족감

고급스러운 옷을 입고 있는 한 부유한 여성이 한가로운 표정으로 왼손에 매를 올려놓고 보고 있다. 주위의 포도밭이나 펜타클을 보아도 물질적으로 풍요롭다는 것을 알 수 있다. NINE of PENTACLES의 주인공은 혼자만의 시간을 만끽하고 있다. 전체적으로 풍요롭고, 편안함을 느낄 수 있다.

| 화목, 안정, 풍요, 성공, 사회적 명성

할아버지, 아빠, 엄마, 아이의 한 가족의 단란한 모습이 그려져 있다. 아치형 벽에 걸린 깃발에 있는 성과 저울은 할아버지가 성공적으로 공명정대하게 살았음을 의미한다. 열 개의 펜타클의 위치를 파악해 보면 생명의 나무와 연결된다. TEN of PENTACLES는 부유하면서도 안정적이고 감정적인 풍요까지 표현하고 있다.

## PAGE of PENTACLES

강한 목표 의식, 신중함, 집중력, 실용성, 호기심, 물질(경제)적인

한 젊은 소년이 펜타클을 양손으로 들고 심취해 있다. PAGE는 흙의 성향, PENTACLES도 흙의 성향으로 실질적인 것에 치중하고 꾸준히 노력한다. 이 주인공은 현실적인 사람으로 실용성을 중시하고 성공에만 집착할 수 있다.

## KNIGHT of PENTACLES

신중함, 책임감 있는, 인내, 근면, 안정, 정체된, 주의 깊은

한 젊은 기사가 펜타클을 오른손에 들고 정지한 말 위에 앉아 있다. KNIGHT는 공기의 성향, PENTACLES는 흙의 성향으로 흙에 공기를 더하니 실용적 사고와 인내심으로 중화가 된다. 이 주인공은 철두철미하고 지나치게 신중하여 자발적으로 일을 진행하기 어려운 사람이다.

## QUEEN of PENTACLES

| 헌신적인, 풍요, 관대한, 행복, 임신, 성공, 넓은 마음

여왕이 양손에 커다란 펜타클을 들고, 풍요로운 배경에서 날개 없는 케루빔과 염소가 새겨진 왕좌에 앉아 있다. QUEEN은 물의 성향, PENTACLES는 흙의 성향으로 변화보다 보호하고 유지하는 데 중점을 둔다. 주인공은 차분하고, 베풀기를 좋아하며, 인정 많고 현실적인 사람이다.

## KING of PENTACLES

| 경제적 능력, 물질적 풍요, 현명함, 배짱, 강한 소유욕

왕이 풍성한 포도송이로 장식된 옷을 입고 오른손에 홀, 왼손에는 펜타클을 만지며 황소가 그려진 왕좌에 앉아 있다. KING은 불의 성향, PENTACLES는 흙의 성향으로 안정적으로 지식과 학문을 교류하고 유지한다. 주인공은 매사에 실용적인 접근을 통해 정확히 분석 후 행동하는 사람이지만, 우둔하기도 하고, 불의 성향으로 행동하기도 한다.

# Ⅲ. 타로상담 스프레드 & 사례 활용

본문에 게시되는 사례는 대학 강의에서 수강생들이 전문가 수련을 위해 올린 내용 실습 사례 중에서 선별하였으며, 이해하기 쉽게 코칭·정리하였다(참고: http://cafe.daum.net/KANLP).

## 1. 스프레드(배열법)란?

앞에서 타로상담 구성의 5요소를 설명했다. 그중 처음 타로상담을 시작하는 것이 바로 질문이다. 스프레드란, 내담자의 질문에 적합한 방식으로 카드를 배열하는 방법을 말한다. 즉, 내담자의 질문을 듣고 그 질문에 대한 답변에 어떤 내용이 들어가야 할지를 파악하면 스프레드를 쉽게 결정할 수 있다. 스프레드 방법은 전 세계적으로 수없이 많이 존재하고, 누군가는 지금 이 순간에도 자신만의 스프레드를 만들고 있을지도 모른다.

이 많은 스프레드를 다 사용하기에는 효율성이 떨어진다. 따라서, 상담을 진행할 때 필요한 중요 스프레드를 2. 타로상담자가 알아야 할 스프레드에서 살펴보기로 하자. 배열법은 타로상담을 진행하는 상담자의 사용 방법에 따라 고정배열법과 자율(유)배열법으로 구분된다.

### 고정배열법

고정배정법이란 정해진 스프레드 방법을 사용하는 것을 말한다. 일반적으로 사용하는 원 카드 스프레드, 쓰리 카드 스프레드, 갈래 길 스프레드,

매직 세븐 스프레드, 켈틱크로스 스프레드 등이 모두 고정배열법에 해당한다. 내담자의 질문을 받고 타로카드를 셔플하면서 어떤 고정배열의 스프레드를 사용할지 상담자가 결정하게 된다.

자율(유)배열법

자율배열법 또는 자유배열법은 정해진 스프레드 방식을 정해두지 않고 내담자의 질문에 따라서 상담자가 즉흥적으로 배열법을 결정하며 상담을 진행하는 방법이다. 하지만, 주의할 점은 자율배열법 안에 고정배열법의 의미가 포함되는 경우가 많다는 것이다. 따라서, 고정배열법을 정확히 터득한 후에 자율배열법을 사용한다면 자신의 전문성을 십분 활용할 수 있을 것이다.

## 2. 타로상담자가 알아야 할 스프레드

원 카드 스프레드

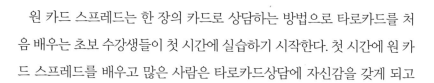

원 카드 스프레드는 한 장의 카드로 상담하는 방법으로 타로카드를 처음 배우는 초보 수강생들이 첫 시간에 실습하기 시작한다. 첫 시간에 원 카드 스프레드를 배우고 많은 사람은 타로카드상담에 자신감을 갖게 되고

심지어는 거만해지기 시작한다. 하지만, 여기서 조금 더 배우고 나면 사실 카드의 개수가 한 장인 원 카드 스프레드에 여러 가지 답변이 나올 수 있음을 알고 나서는 다시금 차분해지고 겸손해진다.

원 카드 스프레드를 사용할 예문을 들면 다음과 같다.

"나의 오늘 하루 일상은 어떨까요?"

"제가 오늘 시험에 합격할 수 있을까요?"

"다툰 여자 친구에게서 오늘 전화가 올까요?"

보통 원 카드 스프레드의 리딩에서는 대답이 'Yes'나 'NO'로 나올 수 있는 질문이거나 단순한 답변을 얻을 수 있는 경우, 결과만을 알고 싶은 경우 등에 사용된다. 하지만 대부분 카드의 개수가 많으면 많을수록 자세하고 명확한 리딩이 이루어짐을 알게 되면서 오히려 원 카드 스프레드 리딩을 어려워하기 시작한다. 카드는 비록 한 장이지만 그 카드에는 여러 상징과 의미가 내포되어 있기 때문이다.

**사례 1**

" 지금 나의 마음 상태는 어떤가요? "

↳ 현재 여러 가지로 혼란스러운 상황이군요. 눈앞에 있는 여러 가지 상황이 당신을 유혹하더라도 자신의 본연을 잃지 말고 정확한 행동으로 참된 선택을 해야 할 것입니다.

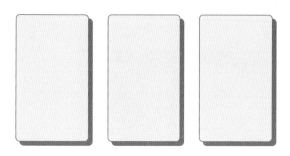

쓰리 카드 스프레드는 말 그대로 3장의 카드를 뽑아 리딩하는 방법이다. 우리는 누구나 시간 속에서 인생을 살아가고 있다. 현재는 과거의 산물이고, 현재를 기초로 미래가 만들어지게 되는 것이다. 따라서, 쓰리 카드 스프레드는 이런 시간의 연속선이라고 생각하면 이해하기 쉬울 것이다. 참고로, "리딩-조언-결과"의 쓰리카드 방법도 많이 사용된다(추후 실전편에서 소개 예정).

① 과거-현재-미래(결과)

대표적인 쓰리 카드 스프레드의 방법이다. "과거에는 이랬고, 현재는 이래서, 미래에는 이렇게 될 가능성이 크다", "현재 이런 상황은 과거의 이런 상황 때문이고, 현재에 변화가 없다면 이런 미래가 될 수 있다." 또는 "미래에 이렇게 되지 않기 위해서는 (과거에 이러이러한 것을 교훈 삼아) 현재에 이러이러한 행동을 자제하고 이렇게 행동해야 할 것이다."와 같이 리딩하면 된다.

" 올해 3월에 국가자격증 시험을 보는데 어떻게 될까요?

(여러 가지 시험을 한꺼번에 준비한다는 것이 부담감으로 이어져 불안한 상태) "

[ 과거 ]　　　　　[ 현재 ]　　　　　[ 미래 ]

↳ 그동안 근심과 걱정이 많으셨군요. 근심이 많다 보니, 3월의 국가자격
증 시험보다 다른 시험으로 돌아서려 하시는군요. 그러나 현재 준비 중
인 국가자격증 공부를 포기하지 않고 조금만 더 노력하신다면 좋은 결
과를 얻을 수 있을 것으로 보입니다.

② 현재–진행–미래(결과)

쓰리 카드 스프레드 중 과거라는 시간이 의미가 없는 경우도 있다. 이런
경우에는 카드에 과거를 위치시킬 필요가 없다. 따라서, 이 경우에는 '현
재–진행–미래(결과)'의 방법을 사용한다. 만일, 과거가 아무런 의미가 없는
이런 경우에 '과거–현재–미래(결과)'의 방법으로 상담을 진행하게 된다면 과
거의 카드에 공백카드의 의미와 같이 질문과 전혀 상관없는 의미 없는 카
드가 자리 잡게 된다.

" 현재 고등학교 3학년인데 올해 입시에서 원하는 4년제 대학에 진학할 수 있을까요? "

[ 현재 ]　　　　[ 진행 ]　　　　[ 결과 ]

↳ 수험생이 현재 너무 자유로운 생활을 하고 있군요. 뿌린 대로 거둔다고 4년제 대학에 진학하기 위해서는 지금의 자유분방함을 고쳐 입시 준비에 최선을 다해야 할 것입니다. 그렇지 않고 현재에 변화가 없다면, 원하는 4년제 대학의 진학은 어려울 수 있습니다.

③ 나-결과-너

쓰리 카드 스프레드로 관계배열을 파악하는 방법이다. 물론 두 장의 카드로도 진행할 수 있으나, 카발라 신비주의의 영향을 받아 결과 카드를 가운데에 놓고 세 장의 카드로 진행해야 더욱 정확한 리딩이 가능하다.

" 최근 동업하는 사람과 의견이 달라 갈등이 생겼습니다.
일이 잘 해결될 수 있을까요? "

[ 나 ]　　　　　　[ 결과 ]　　　　　　[ 너 ]

↳ 내담자께서는 사업에 원대한 목표를 가지고 시작하셨군요. 반면 동업
자는 이미 어느 정도의 권위와 명예를 가진 분이며 주위에 사람들도 많
이 따르는 분 같습니다. 서로 의견이 달라 심각한 스트레스를 받고 있지
만, 내담자가 생각하는 것만큼 심각한 갈등은 아니니, 마음을 가다듬고
주변 상황을 잘 살펴보고 의견을 맞추어보는 것이 좋겠습니다.

### 말편자 스프레드

　　스프레드의 모양이 말편자(말발굽을 보호하기 위해 덧대는 'U' 자형 조각)를 닮았다고 해
서 말편자 스프레드라고 한다.

　　말편자 스프레드에서는 다음과 같은 2가지 방법을 많이 사용한다. 하지
만, ①번 스프레드의 밑에 위치하는 나, 너를 제외하면 ②번 스프레드가 되
므로 리딩의 방법은 동일하지만 ①번 스프레드에서는 사람 사이의 관계,
즉 대인관계를 집중적으로 상담할 수 있다는 장점이 있어 관계배열법에
사용되는가 하면 ②번 스프레드는 ①번 스프레드를 포함하여 다른 포괄적
의미로 적용할 수 있다는 장점이 있다.

①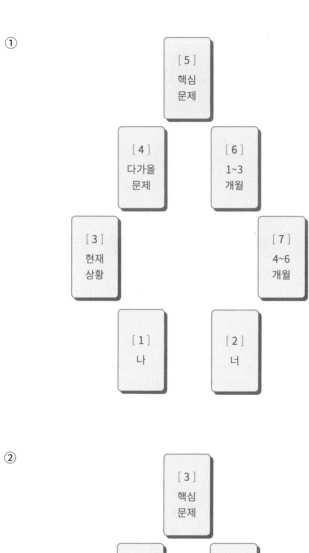

②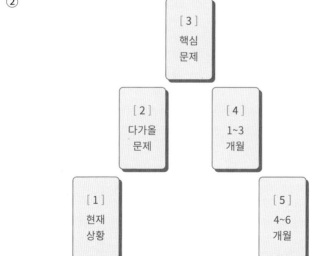

" 현재 동업을 하는 데 어려움이 많습니다. 어떻게 해야 할까요? "

↳ 내담자분은 현재, 동업에서 얻는 것보다 잃는 것이 더 많아 실망이 크 군요. 동업자는 다른 사업을 구상하고 있고, 현재 사업이 힘들고 버겁군 요. 잠시 여유를 가지고 재충전을 해야 하는 상황입니다. 가장 큰 문제 는 동업자에게 배신을 당했다는 것이지만 내담자분이 신중하고, 책임 감 있고, 계획성 있게 진행하여 문제 상황을 이겨낼 것입니다. 현실을 잘 파악하고 계획성 있고 책임감 있게 행동하는 것이 중요합니다.

" 현재 사업을 진행하는 데 어려움이 있습니다. 올해 사업은 어떻게 될까요? "

↳ 내담자는 현재 사업이 많이 힘들고 버거운 상황이군요. 잠시 여유를 가지고 휴식을 취하고 재충전도 필요한 상황입니다. 가장 큰 문제는 주변에 이겨내기 힘든 경쟁자가 있다는 것입니다. 하지만, 사업을 신중하고 계획성 있게 진행한다면 경쟁에서 승리하게 될 것입니다. 주위 환경을 잘 살피며, 체계적인 사업 계획과 그에 적합한 추진이 필요하겠군요.

TIP 사례 5와 사례 6은 얼핏 보기에는 비슷해 보이나 사실상 큰 차이가 있다. 사례 6은 사업이 힘든 것이 주된 화제라면 사례 5는 사업도 힘들고 거기에 동업까지 힘들다는 것이다. 사례 5에서 중요한 것은 바로 동업자 문제이다. 이를 근본 문제라 한다. 즉, 동업자 문제(근본 문제)가 해결되면 사업적 문제(부수적 문제)도 해결되기 쉽다.

갈래 길/선택 스프레드

① 

[ A ]　　　　　[ B ]

[ 4 ]
결과

[ 5 ]
결과

[ 2 ]
과정

[ 3 ]
과정

[ 1 ]
현재

② 

[ A ]　　　　　[ B ]

[ 5 ]
결과

[ 6 ]
결과

[ 3 ]
과정

[ 4 ]
과정

[ 1 ]
현재

[ 2 ]
현재

현재 근무 중인 직장을 계속 다니는 것이 좋을지 다른 직장으로 옮기는 것이 좋을지, 또는 아파트를 사는 것이 좋을지 상가주택을 사는 것이 좋을지 등 우리는 살아가는 내내 선택하는 삶을 살 수밖에 없다. 갈래 길/선택 스프레드는 어떠한 선택의 기로에 서 있는 내담자들에게 좀 더 나은 선택과 조언을 할 수 있는 용도로 사용된다.

①의 배열은 현재 상황에서 선택해야 할 두 가지의 경우를 5장의 카드를 뽑아 알아보는 스프레드이다. 왼쪽은 A를 선택했을 때의 과정과 결과이고, 오른쪽은 B를 선택했을 때의 과정과 결과이다.

②의 배열은 현재 상황에서 선택해야 할 두 가지의 경우를 6장의 카드를 뽑아 알아보는 스프레드이다. 왼쪽은 A를 선택했을 때의 현재, 진행, 결과이고, 오른쪽은 B를 선택했을 때의 현재, 진행, 결과이다.

" 이번에 대학에 진학했는데 반수를 하고 싶습니다.

반수를 하는 것과 계속 재학을 하는 것 중 어느 쪽이 좋을까요? "

[ 반수 ]　　　　　　　　[ 재학 ]

↳ 대학에 진학하게 되는 좋은 결과를 얻었군요. 새로운 목표를 위하여 반수를 한다면 큰 손실은 따르겠지만 인생에 밝은 미래를 얻게 될 것이며, 계속 재학을 한다면 끊임없이 갈망(도전)을 추구하여 많은 근심과 스트레스가 따를 것입니다. 다시 한번 나를 짚어보고 마음을 확고히 할 필요가 있습니다.

" 현 직장에서 계속 근무하는 것이 좋을까요, 아니면
사회복지관으로 이직하는 것이 좋을까요? "

[ 계속 근무 ]　　　　　　　[ 이직 ]

↳ 현재 직장에서는 나름대로 조언자의 역할을 잘 수행하고 있군요. 현재
직장에 계속 근무한다면 당신이 원하는 것을 얻을 수 있고 풍족한 생활
을 할 수 있으며, 직장 생활도 희망적이고 긍정적인 결과를 얻을 수 있
을 것입니다. 이직을 신중하게 생각 중이시군요. 만일 이직하여 변화를
겪게 되면 과거의 직장을 그리워하게 될 수 있습니다. 근본적으로 이직
을 떠올리게 된 이유를 다시 한번 생각해 볼 필요가 있겠군요.

**사례 8-2**

" 하고 싶은 공부가 있습니다.
어느 곳에서 배우는 것이 좋을까요? "

[ A 교육원 ]　　　　　　[ B 교육원 ]

↳ 김은미(공저&트레이너): 현재 상황에 나름 신중하게 고민중이신 듯합니다. A 교육원을 가게 된다면 선생님의 열정과 의지를 집중해서 막힘없이 진행이 되고 그 속에서 깊은 지혜를 잘 얻으실 수 있을 것 같습니다. B교육원은 아마 빠르게 진행되지는 않을 듯 합니다. 선생님께서 조금은 참고 희생해야 하는 상황으로 보입니다. 그런 상황들 속에서 결국은 배우고자 하는 것을 배우지 못하는 상황이 발생할지도 모르겠네요.

켈틱크로스 스프레드는 전 세계적으로 널리 사용하는 방법이다. 아마도, 타로카드 스프레드 중에서 가장 많이 사용되지 않을까 싶다. 켈틱크로스 스프레드는 아서 에드워드 웨이트(Arthur Edward Waite)가 그의 저서 『타로 그림의 열쇠(The Pictorial Key To The Tarot)』에 소개하면서부터 전 세계적으로 널리 사용하게 되었다. 켈틱크로스 스프레드는 질문에 대한 결과뿐만 아니라 내담자의 희망과 두려움, 경험, 환경적 요소까지도 포함하고 있다는 큰 장점을 가지고 있다.

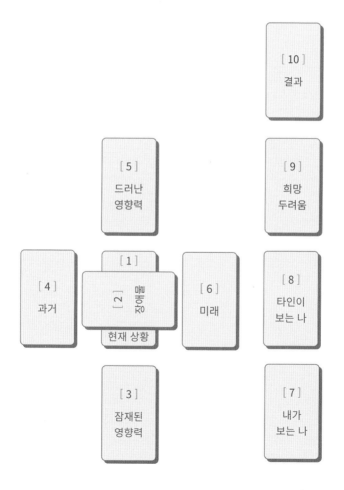

타로상담전문가가 되기 위해서 반드시 알아야 할 중요한 스프레드인 만큼 상세히 살펴보도록 하자.

먼저 [1] 현재 상황은 내담자 자신을 의미하고 [2] 장애물은 현재 내담자를 가로막고 있는 문제 상황을 의미한다. [3] 잠재된 영향력은 현재의 문제 상황을 이끈 과거의 경험을 의미하고 [5] 드러난 영향력은 가능한 결과를 나타낸다. [4] 과거는 지나갔지만, 내담자에게 영향을 미치는 경험을 의미하고 [6] 미래는 내담자에게 영향을 미치는 가까운 미래를 의미한다. [7] 내가 보는 나는 자신(Self)을 의미하고 [8] 타인이 보는 나는 나를 둘러싼 환경이나 다른 사람들의 영향을 나타낸다. [9] 희망·두려움은 말 그대로 내담자의 희망이나 두려움을 [10] 결과는 전체적으로 종합된 결과를 의미한다.

[4], [1], [6]은 시간의 흐름을 나타내며 NLP에서 말하는 시간선상의 내용이고 [3], [1], [5]는 현재 상황에 영향을 끼치는 요인들로 구분할 수 있다.

정통 켈틱크로스와 약축 켈틱크로스*를 포함한 켈틱크로스의 자세한 내용은 『타로카드상담전문가(최지원 외)』를 참고하기 바라며, 후속으로 출판 예정인 『학교 타로상담 & NLP상담(실전편)』에서 학교 현장의 상담 사례를 자세히 안내할 예정이다.

---

* 학교 현장 타로상담 사례 1에 소개된 약축 켈틱크로스는 켈틱크로스 스프레드의 왼쪽 6개 카드만을 배열하여 진행하는 방법으로 내담자의 속마음과 행동을 파악할 수 있는 간단하면서도 효율적인 타로카드 스프레드 방법이다.

" 아들이 경영학과에서 기계공학과로 편입을 했는데 잘 적응할 수 있을까요? "

↳ 과거에 진로 문제로 혼란스러웠군요. 지금도 그렇고요. 아드님은 지혜
롭고 현명하게 공부하여 편입에 성공하셨군요. 그 열정이 현재는 혼란
으로 잠깐 지체되어 있지만, 걱정하지 마세요. 현명한 결과를 얻어 내려
애쓰게 될 것입니다. 지금 아드님은 선택의 기로에 있군요. 주위에서는
괜히 다른 과로 편입해서 고생한다고 걱정을 하지만, 아드님은 목표와
열정이 있습니다. 여러 문제 상황과 갈등 상황을 잘 이겨낼 것입니다.

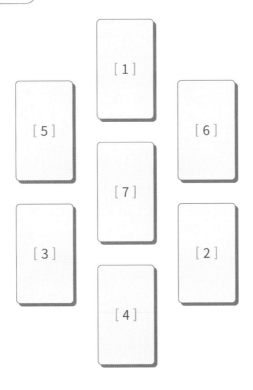

　내가 무엇을 해야 할지, 미래에 어떤 계획을 세워 준비해야 할지 등 내담
자들의 대부분은 미래에 대한 불안, 두려움으로 타로상담을 원하고 있다.
매직 세븐 스프레드는 바로 이런 단기간의 계획을 준비할 때 많이 사용되
는 스프레드이다. 바로 앞에서 배운 켈틱크로스 배열법에서 사용되는 10장
의 카드는 10이 완성수라는 것에 기초하여 예외로 하지만, 이를 제외하고
대부분의 스프레드에서 선택되는 카드의 수는 신비주의 영향으로 홀수를
지향한다. 매직 세븐 스프레드는 두 개의 삼각형(△, ▽)으로 구성된다. 각 꼭
짓점에 한 개씩의 카드를 대응하면 3+3=6, 즉 6장의 카드가 선택되며 이는
신비주의의 지향에 위배가 된다. 따라서, 매직 세븐 스프레드는 두 삼각형
의 가운데에 결과의 카드 하나를 배열하여 7장의 카드로 구성된다.

[1], [2], [3]은 시간을 의미한다. [2] 현재(상태)를 기준으로 [1]은 (현재와 연결된 가까운) 과거, [3]은 (가까운) 미래를 의미한다. [4]는 (제안할 수 있는) 해결책, [5]는 현재(상태에서의) 영향을 나타낸다. [6]은 문제·장애물, [7]번은(예상되는) 결과를 의미한다.

---

**사례 10-1** - - - - - - - - - - - - - - - - - - - - - - - - - - - - - - - - - - - - - - - - - - - - - - - - -

" 제가 앞으로 어떤 일들을 해나가야 할지 모르겠어요. "

↳ 내담자분은 강한 자신감과 의지력으로 일을 추진해 왔군요. 현재는 재충전의 시간을 가지고 휴식을 취하고 있고요. 이제 곧 좋은 변화가 일어날 것입니다. 마음의 평정심을 유지하시는 것이 중요합니다. 현재 바로 그런 균형을 위해 노력해야 한다는 것을 명심하고 주위의 상황을 잘 파

악하여, 용기 있게 행동한다면 원하는 목표를 성취하시게 될 것입니다.

사례 10-2

" 올해 고 3인 저는 1학년 때부터 교대 진학을 준비해왔습니다. 그런데 우연히 학교
뮤지컬 공연팀에서 피아노 반주를 하다가 작곡의 매력에 푹 빠지게 되었습니다.
지금부터라도 실용음악과 준비를 한번 해보고 싶은데 선뜻 용기가 나질 않습니다.
어떻게 해야 할까요? (고등학교 3학년 여학생). "

↳ 추주연(공저&트레이너): 내담자는 뮤지컬 공연팀에서 사람들과 함께 활동하
면서 작곡에 대한 매력을 느끼셨군요. 우연찮게 참여한 뮤지컬에서 가
슴 뛰는 일을 만나게 된 것은 내담자에게 선물 같은 일이겠지요. 하지만
입시를 눈앞에 두고 있는 상황에서 진학 준비에 소홀해질 수 있고, 조만

간 내담자에게 예기치 못한 변화가 찾아와 삶을 흔들 수 있겠습니다. 내담자는 지금 마음속으로 갈등이 있고 아직 분명한 결심이 서지 않은 것으로 보입니다. 시기적으로 교대와 실용음악과 둘 다 준비하는 것은 어려우니 어느 한 가지를 선택하고 집중해야 하므로 결단이 필요합니다. 내담자는 현재 할 수 있는 것이 없고 꼼짝할 수 없는 상황이라고 여기는 것 같습니다. 어쩌면 작은 어려움을 확대해석하고 있는 것은 아닌지, 지금의 걱정이 과장된 것은 아닌지 돌아볼 필요가 있습니다. 막연하고 불안하기도 하겠지만 자신을 믿는 마음으로 일단 앞으로 나아가는 것이 필요합니다. 누구보다 스스로를 믿고 용기를 낸다면 새로운 시작을 꾀하게 될 것입니다.

## 🗩 마스터 약축 코칭

우리는 삶을 살면서 계속적인 선택의 순간에 놓이기도 하고, 어려운 문제 상황에 대한 해결책, 조언이 절실하게 필요하기도 하다. 조언자, 상담자를 찾기도 하지만, 많은 사람은 자신의 내면을 다른 누군가에게 보여주기를 꺼리며 마음속에 담아두고 인생을 살아가기도 한다. 이렇게 내면을 열어 상대에게 보이길 꺼리는 사람에게 타로카드를 이용하여 상담한다면, 최초 상담을 시작할 때의 목표보다 훨씬 큰 목표를 달성하는 경우가 많다. 마음을 여는 도구, 잠재의식과 탁월한 커뮤니케이션의 도구로 최근 타로상담이 손꼽히는 이유가 여기에 있다. 위 사례는 내담자의 질문에 적합한 배열법인 매직세븐 스프레드의 방법을 잘 사용한 타로 전문 상담이다. 추주연 장학사님은 학교에서의 공감에 대한 많은 노력과 관심을 가지고 있는 분이며, 마스터의 친한 벗이기도 하다. 수년간 타로상담 전문가 수련을 해 온 타로상담전문가로유니버셜웨이트, 컬러 타로카드 외에 마르세이유, 심볼론 타로카드 등 다양한 분야에 전문적 능력을 발휘하고 있다. 또한, 만다라 명상 & 만다라 타로카드의 전문 영역까지 활동하는 타로상담 & 마음 관련 전문가이기도 하다.

# 『학교타로상담 & NLP상담(기본편)』개정판 원고를 마무리하며

　『학교 타로상담 & NLP상담(기본편)』초판에서 소개한 사례 등을 업그레이드하여 학교 상담에 필요한 타로카드상담 내용과 방법, NLP상담의 기본적인 노하우, 타로카드상담 스프레드 노하우를 살펴보았다. 학생들의 마음을 열고, 긍정의 에너지가 발휘되기를 바라는 마음으로 기본편에 맞게 처음 타로상담 & NLP상담을 접하는 학교 현장에서도 잘 활용할 수 있도록 나름 신경 썼다. 특히, 학교현장에서의 타로상담의 효과를 누구보다도 잘 알고 있는 전국타로상담&NLP상담교사연구회의 회원분들과 학교현장에 도움을 주기 위해 사례를 제공해주신 많은 분께 깊은 감사를 드린다. 행복한 학교가 되기를 진심으로 기원하며, 이상으로 『학교타로상담 & NLP상담(기본편)』개정판의 내용을 마무리하려 한다.

　마지막으로 타로상담전문가를 꿈꾸는 독자들에게 『유니버셜웨이트 타로카드』만을 활용한 상담뿐만 아니라, 학생의 상담 상황에 맞는 목적에 적합한 타로카드를 사용할 것을 적극 추천한다. 학생의 내면 상황을 파악하고 상담으로 이끌기 효율적인 타로카드로는 『컬러타로카드』, 『심볼론 카드』를 추천하고, 명상을 통한 상담을 연계하려면 『오쇼젠 타로카드』나 저자가 대표 저자로 곧 출시 예정인 『만다라 명상 & 만다라 타로카드』를 추천한다. 1997년부터 20년이 넘게 타로상담, NLP상담을 포함한 마음공부를 하고 있는 저자는 이렇게 당부하고 싶다.

　"모든 것은 마음먹기에 달렸다는 말이 있듯이 마음이 우리 자신의 성장원동력입니다. 학교 현장에서의 상담 또한 학생 마음의 변화를 제일 중요하게 생각합니다. 마음씨라는 말이 있습니다. 마음에 씨를 뿌린다는 말이지요. 그 씨는 싹을 피우고, 성장하여 열매를 맺게 됩니다. 우리 모두, 우리의 마음과 학생의 마음에 큰 열매를 맺을 수 있는 씨를 뿌려 보자구요."

　지식적인 부분도 중요하지만, 내적인 부분, 마음이 더욱 중요하다. 타로상담을 진행하며, 상담자가 무심코 내뱉은 말 한마디가 내담자의 마음에 큰 영향력을 미치게 된다는 것을 명심하기 부탁드린다. 특히, 학교 현장에서의 말 한마디에 성장하고 있는 우리 학생들은 큰 열매를 맺을 씨를 뿌릴 수도 있고, 이와 반대로 마음의 상처를 입을 수도 있다. 이 기본편을 완벽히 이해한 독자들은 이제 어느 정도의 타로 상담, 특히 학교 상담이 가능할 것이라 의심치 않는다.

　추가적인 학교타로상담의 실전적인 고급 내용과 타로상담과 NLP상담과의 연계 방법 등에 대한 자세한 전문적인 내용과 실전적 기법은 얼마 전 출간된『학교 타로상담의 정석(기본편)』이나 추후 발간 준비 예정인『학교타로상담 & NLP상담(실전편)』교재를 참고하기 바란다. 행복한 학생들이 행복한 마음으로 행복한 학교를 다닐 수 있으면 좋겠다면 마음으로 학교타로상담 & NLP상담(기본편) 개정판의 말미를 장식한다. 또한, 이른 시일에 코로나 19가 완전히 종식되어, 평범한 일상이 행복임을 느끼게 되는 그날이 하루 발리 우리 곁으로 다가오길 간절히 소망한다. 학교 현장의 학생, 학부모, 교원 여러분의 미래에 항상 행복과 행운이 가득하길 진심으로 기원하면서…….

　　　　　　　　　　　　　대표 저자 최옥환 (필명, 최지원) 드림

## 공인 NLP 프랙티셔너 교육내용

| 모듈 | 주제 | 세부내용 |
|---|---|---|
| 1 | NLP의 기초 | 1. NLP의 의미와 중요성 |
| | | 2. NLP의 발전과 학문적 배경 |
| | | 3. NLP의 전제조건 |
| | | 4. 무의식과 트랜스 |
| 2 | 커뮤니케이션 | 1. NLP 커뮤니케이션 모형 |
| | | 2. 인식과 지각의 자기중심성 |
| | | 3. 라포 형성하기 |
| | | 4. 계측과 이끌기 |
| | | 5. 선호표상체계 |
| | | 6. 눈동자 접근 단서 |
| 3 | 목표 설정과 비전 | 1. 걸림돌과 디딤돌 |
| | | 2. 목표 설정의 원리 |
| | | 3. 목표 설정을 위한 준비절차 |
| | | 4. 생태 확인 |
| | | 5. 성공의 원 |
| 4 | 상태와 변화 | 1. 상태의 개념 |
| | | 2. 상태의 종류 |
| | | 3. 이끌어 내기 |
| | | 4. 앵커링의 개념과 종류 |
| | | 5. 앵커링 기법 |
| 5 | 행동과 습관의 변화 | 1. 일회적 학습과 행동 변화 |
| | | 2. 학습의 법칙 |
| | | 3. 어린이 자아와 마음의 상처 |
| | | 4. 손바닥 비비기(Visual Squash) |
| | | 5. 분아통합기법 |
| | | 6. 메타모델 III |

| 모듈 | 주제 | 세부내용 |
|---|---|---|
| 6 | 알레르기 기법 | 1. NLP 알레르기론 |
| | | 2. 휴즈의 비유 |
| | | 3. 무의식의 긍정적 의도와 부수적 이득 |
| | | 4. 알레르기 치유기법 |
| 7 | 하위양식과 변화 | 1. 하위양식의 개념과 중요성 |
| | | 2. 하위양식 관련기법 |
| | | 3. 하위양식 혐오화기법 |
| | | 4. 하위양식 신념변화기법 |
| | | 5. 연합과 분리 |
| | | 6. 휘익기법과 응용 |
| 8 | 메타모델과 밀턴모델 | 1. 언어의 중요성과 화법 |
| | | 2. 무의식적 언어와 의식적 언어 |
| | | 3. 기본가정과 마음 읽기 |
| | | 4. 메타모델 |
| | | 5. 밀턴모델 |
| 9 | 메타포와 관점 바꾸기 | 1. 메타포의 의미와 중요성 |
| | | 2. 메타포 활용의 원리 |
| | | 3. 관점 바꾸기의 개념과 중요성 |
| | | 4. 관점바꾸기의 종류 |
| | | 5. 관점바꾸기의 방법 |
| 10 | 전략 | 1. 전략의 개념과 중요성 |
| | | 2. 전략의 구성 요소 |
| | | 3. 전략 찾아내기와 활용 |
| | | 4. 전략의 변경과 설계 |
| | | 5. 전략의 설정 |
| | | 6. TOTE 모형 |

* 공인 협회마다 약간의 차이를 보임.

몇 년 사이에 국내에는 타로카드 관련 서적 출판이 홍수를 이루고 있다. 하지만, 안타깝게 시중의 책들을 보면 도움이 되는 책만 있는 것이 아니라 오히려 혼돈에 빠지게 하는 책들이 즐비하다. 이에 『학교 타로상담 & NLP 상담(기본편)』 독자들에게 타로상담전문가로 나아갈 수 있는 최지훤의 대표 서적을 소개한다. 부디, 타로상담전문가라는 하나의 목표로 열공하여 주위의 어려운 상황에 있는, 상담이 필요한 사람들에게 도움을 줄 수 있는 그런 멋진 타로상담전문가가 되기를 기대한다.

## 1. 타로카드상담과 NLP 힐링치유(개정판, 2000권 품절)

저자 **최지훤 외**      출판사 **해드림출판사**

발행일 **2017년 5월 22일**    사양 **신국판**

타로상담의 기초 내용을 자세히 소개했다. 기존 타로를 점이라고 인식하는 독자, 수강생들에게 타로상담을 소개하고 효율적인 상담 방법인 NLP상담을 접목한 국내 최초의 타로상담 & NLP상담 서적이다. 너무나 좋은 인기로 아쉽게 2000권 모두 품절이다.

저자 최지원 외          출판사 해드림출판사

발행일 2020년 2월 20일    사양 양장, 컬러

타로상담전문가를 꿈꾸는 사람이라면 반드시 읽어보아야 할 필독서! 타로상담 기본 내용과 고급 실전상담까지 수록되어 있는 타로카드상담전문가를 위한 고급 전문서이다. 타로카드상담전문가를 꿈꾸는 독자들에게 상당히 인기 있는 베스트셀러로 벌써 개정판(2쇄)을 출판했다. 대학교 평생교육원, 교원연수 등의 강의에서 사용하는 전문 실전서이다.

저자 최지원 외          출판사 해드림출판사

발행일 2018년 7월 7일    사양 카드(책자 포함) 8*12

사람의 마음, 잠재의식과의 연결고리, 커뮤니케이션을 위한 칼라 심리 & 상담카드. 컬러와 수비학적인 신비로움을 가미하여 칼라 심리 & 상담카드가 제작되었다. 학교현장 및 상담현장에서 폭넓고 다채롭게 활용되고 있다. 수강생과 독자들은 한결같이 이야기한다. 서프라이즈~ 라고…

## 4. 타로전문상담가 프레젠테이션

저자 **최지원 외**　　　　　출판사 **해드림출판사**

발행일 **2019년 11월 11일**　사양 **4*6배판(양장)**

타로 전문 강사를 위한 PPT 강의 내용을 책으로 출판하여 타로상담전문가의 커리큘럼을 표준화했다. 타로상담전문가의 기초, 기본, 중급의 내용 모두를 한눈에 확인해 볼 수 있는 고급 전문서이다. 강의를 위한 강사들도 많이 참고하고 있는 베스트셀러이다.


## 5. 데카메론 타로카드 상담전문가

저자 **최지원 외**　　　　　출판사 **하움출판사**

발행일 **2020년 5월 20일**　사양 **신국판, 248p**

14C 중엽인 1348년, 인문학의 대가인 보카치오가 흑사병을 주제로 저술한 데카메론이라는 책의 내용과 연계하여, 성인 데카메론 타로카드 전문 회사인 LO SCARABEO 사와 라이선스 계약을 통해 국내 최초 데카메론 타로카드상담전문가 책을 집필하게 되었다.

## 6. 심볼론카드 상담전문가

저자 **최지훤 외**      출판사 **하움출판사**

발행일 **2020년 8월 10일**    사양 **신국판, 272p**

심볼론카드는 마음의 상처를 해결하는 경험을 우리에게 제공한다. 심볼론카드 실전 상담 사례뿐만 아니라, 전문 사용법을 이해하기 위한 12별자리 10행성을 포함한 4원소, 3대 특(재)질, 양극성을 자세히 설명해 놓았다. 점성학을 사용하는 방법과 점성학을 사용하지 않는 사용법 등도 자세히 소개되어 있으며 카드한 장 한 장, 총 78장의 최지훤 대표 저자의 전문 해설도 수록되었다.

## 7. 마르세이유 타로카드상담전문가

저자 **최지훤 외**      출판사 **해드림출판사**

발행일 **2020년 10월 1일**    사양 **162*231**

타로카드의 어머니, 대표적인 정통 타로카드라고 이야기할 수 있는 마르세이유 타로카드에 대한 전문 기본해설서이다. 메이저카드 22장, 마이너카드 56장, 총 78장의 마르세이유 타로카드에 대해 4원소, 수비학의 설명을 포함하여 독자들이 쉽게 이해할 수 있도록 설명했으며, 실전 상담의 사례도 수록하여 누구나쉽게 타로상담을 할 수 있는 노하우를 제시해 준다.

저자 **최지원 외**　　　　출판사 **하움출판사**

발행일 **2021년 5월 27일**

사양 **152*225, 276p**

국내 최초로 교원, 학부모, 상담사들이 성공적으로 진행한 학교 교육 현장에서의 타로 실전 상담을 수록하고 있는 타로상담&NLP상담 기본 전문서이다. 한국교원연수원(http://www.hstudy.co.kr) 교원 및 일반인 대상 타로상담 전문가 자격 연수의 교재이기도 하다. 타로카드 한 장, 한 장의 의미와 함께 기본적인 실전 상담과 연계할 수 있는 노하우, 전문가로 나아가기 위한 팁을 수록했다.

저자 **최지원 외**　　　　출판사 **하움출판사**

발행일 **2021년 8월 20일**　사양 **카드(7*11.5)**

사람의 마음, 잠재의식과의 연결 고리, 내면과의 커뮤니케이션을 위해 컬러와 수비학적인 신비로움을 가미하여 컬러타로상담카드(COLOR TAROT COUNSELING CARD)가 제작되었다. 교육 현장 및 상담 현장에서 폭넓고 다채롭게 활용되고 있다. 수강생과 독자들은 한결같이 이야기한다. 서프라이즈라고….

## 10. 컬러타로카드 상담전문가

저자 최지훤 외          출판사 하움출판사

발행일 2021년 9월 27일    사양 152*225, 264p

사람의 마음, 잠재의식과의 연결 고리, 내면과의 커뮤니케이션을 위해 컬러와 수비학적인 신비로움을 가미하여 컬러타로상담카드(COLOR TAROT COUNSELING CARD)가 제작되었다. 교육 현장 및 상담 현장에서 폭넓고 다채롭게 활용되고 있다. 수강생과 독자들은 한결같이 이야기한다. 서프라이즈라고….

## 11. 타로상담의 정석(기본편)

저자 최지훤 외          출판사 하움출판사

발행일 2022년 10월 31일  사양 152*225, 284p

타로상담의 백과 사전의 기초편이라고 생각하면 된다. 유니버셜웨이트 타로카드 상담의 기본부터 마르세이유 타로카드, 컬러타로카드, 심볼론 타로카드, 데카메론 타로카드, 오쇼젠 타로카드 등 세계적인 타로카드를 국내 최초로 한곳에 모아 선보인 최지훤 타로그랜드마스터의 베스트셀러이다. 제목답게 타로상담의 정석(기본편)을 맛볼 수 있다. 발행 직후부터 후속 출판을 요청받는 타로상담 전문서이다.

## 12. 이후의 출판

타로상담 전문가를 꿈꾸는 많은 수강생과 독자를 위해 다양한 전문 서적을 준비하고 있다. 지금 독자들이 보고 있는 『학교타로상담 & NLP상담(기본편)』 개정판에 이어 곧 출판될 예정인 『심볼론카드 상담전문가(기본편)』 개정판뿐만 아니라 『만다라 코칭 전문가』, 『만다라 명상 & 만다라 타로카드 상담전문가』, 『만다라 명상 & 만다라 타로카드』, 『만다라 전문 명상카드』 등 행복한 학교와 사회를 위한 다양한 전문적인 책과 카드를 출판 예정하고 있다. 특히, 세계 최초로 78장의 타로카드 시스템을 따르고 있는 『만다라 명상 & 만다라 타로카드』는 전 세계로 뻗어나가 많은 상담, 치유의 도구로 사용될 것이다. 기타 타로상담에 대한 의문점과 많은 정보는 인터넷 다음 카페(한국타로&NLP상담전문가협회, 전국타로상담&NLP상담교사연구회 http://cafe.daum.net/KANLP)를 활용하기 바라며, 한국교원연수원 타로 자격 과정(교원, 일반인 모두 수강 가능), 경기대(서울, 수원) 평생교육원, 단재교육연수원 등 전국에서 일반 전문 강좌 및 교원 연수로 인연을 이어 가기 바란다. 또한, 우리나라 전역(강원도~제주도)에서 제대로 된 정통 타로상담&NLP 상담 관련 교원 연수, 프로그램 운영 등의 특강을 원하는 교육 기관은 choiok1833@hanmail.net이나 010-3410-2182(최지원)로 연락하면 이른 시일 안에 인연을 맺도록 하겠다. 소중한 인연 감사하다.

▶ 세계 최초로 78장의 타로카드 시스템을 따르고 있는

『만다라 명상 & 만다라 타로카드』 일부 (마무리 작업 중)

**최옥환** | 010-3410-2182

- 필명 최지원, 미국타로길드 그랜드마스터
- 전국 타로상담 & NLP상담 교사연구회 대표
- 전국 타로상담 & NLP상담 교사연구회 대표
- 전국 만다라 심리상담 교사연구회 대표
- 전국 최면상담 & NLP상담 교사연구회 대표
- 학력: 교육학(교육심리&상담전공) 박사 수료
- 자격: 미국타로길드 그랜드마스터, 한국타로상담&NLP상담협회 마스터 트레이너, 한국진로상담협회 수퍼바이저, 국제공인NLP트레이너, 미국ABH트레이너, 일본 JCLTA 색채치료협회 마스터 강사, 꿈분석 전문가 / 한국상담학회 정회원 등

[경력]
- 2014년도부터 교원연수 개설 운영, 국내 대학 & 교원연수 운영 선구자
- 2019, 2020학년도 서울교육청 특별분야 교원연수(경기대 서울 평생교육원)
- 2018학년도, 2020학년도 경기 수원교육지원청, 이천교육지원청 WEE클래스 상담 교사를 위한 교원연수
- 2018, 2019, 2020, 2021학년도 충북 단재교육원 교원연수
- 2017, 2018, 2019학년도 한국교총종합교육연수원 타로상담 교원연수
  → 30분 만에 200명 접수, 80명씩 2개반 분반 운영
- 서울교대, 경기대, 충북대, 충남대 등 평생교육원 타로상담 강의 진행
- 現 한국교원연수원 타로상담 전문가 자격과정 운영, 경기대 평생교육원 타로상담, 만다라 전문가 과정 운영, 단재교육연수원 교원연수 운영

[대표 저서]
- 타로카드상담과 NLP힐링치유(2쇄, 2천 권 품절)
- 타로카드상담전문가(2쇄)
- 칼라심리 & 상담카드(품절)
- 타로상담전문가 프레젠테이션
- 데카메론 타로카드상담전문가
- 심볼론카드 상담전문가

- 마르세이유 타로카드 상담전문가
- 컬러타로상담카드
- 컬러타로상담전문가
- 타로상담의 정석(기본편) 등

[출판 예정]
- 만다라 코칭전문가
- 만다라 명상 & 만다라 타로카드 상담전문가
- 만다라 명상 & 만다라 타로카드
- 만다라 전문 명상카드 등

[보유 라이선스]
세계 최초 78장 시스템 만다라 명상 & 만다라 타로카드 저작권 보유
만다라 명상 & 만다라 타로카드 저작권 보유
컬러타로카드 저작권 보유
유니버셜웨이트 타로카드 · 마르세이유 타로카드 · 심볼론 타로카드 · 데카메론 타로카드 라이선스 보유
(해당 타로카드 라이선스 계약을 통해, 사용하는 타로카드 저작권을 준수합니다.)

[운영 카페]
1. 한국타로&NLP상담전문가협회/전국교사연구회
https://cafe.daum.net/KANLP(2023년 4월 16일 현재 회원수 1554명)
2. 카페 전국 타로상담 & NLP상담교사연구회
https://cafe.naver.com/tarotedu(2023년 4월 16일 현재 회원수 779명)


이미정

- 미국타로길드 그랜드마스터
- 국제공인 NLP 트레이너
- 전) 충북대 출강

## 공동 저자

### 우수옥 woosuok@korea.kr | 010-7490-5653

- 『한국타로 & NLP상담 전문가협회』 유니버셜웨이트 타로상담전문가
- 『한국타로 & NLP상담 전문가협회』 마르세이유 타로 상담전문가 트레이너
- 『한국타로 & NLP상담 전문가협회』 심볼론 카드 트레이너
- 『한국타로 & NLP상담 전문가협회』 컬러 타로상담전문가
- 『심볼론 타로 상담전문가』(개정판) 공저
- 학교 전문상담교사 자격 1급
- 現 초등학교 교장

### 조혜진 goldfish8507@hanmail.net | 010-7128-0722

- 『한국타로 & NLP상담 전문가협회』 유니버셜웨이트 타로상담전문가
- 『한국타로 & NLP상담 전문가협회』 컬러타로 상담전문가
- 『한국타로 & NLP상담 전문가협회』 심볼론 타로상담 트레이너
- 『심볼론 타로 상담전문가』(개정판) 공저
- 現 중등교사

### 장선순 jangss0909@naver.com | 010-9493-1104

- 『한국타로 & NLP상담 전문가협회』 유니버셀웨이트 타로상담 트레이너(1급)
- 『한국타로 & NLP상담 전문가협회』 컬러 타로상담 트레이너(1급)
- 『한국타로 & NLP상담 전문가협회』 마르세이유 타로상담 트레이너(1급)
- 『한국타로 & NLP상담 전문가협회』 심볼론 타로상담 트레이너(1급)
- 『심볼론 타로 상담전문가』(개정판) 공저
- 도교육청 진로교육지원단, 과학기술 진로 컨설턴트, 충북진로교육연구회, 학습코칭 전문가, 청소년상담사, 분노조절상담사, 우뇌계발미술학습지도사, 이미지코칭 강사, 아로마테라피 강사
- 現 중등 진로진학 상담부장

김은미 ugrim11@naver.com | 010-2756-1486

- 상담심리학 석사, 전문상담교사 1급
- 『한국타로 & NLP상담 전문가협회』 유니버셜웨이트 타로상담 트레이너(1급)
- 『한국타로 & NLP상담 전문가협회』 컬러 타로상담 트레이너(1급)
- 『한국타로 & NLP상담 전문가협회』 마르세이유 타로상담 트레이너(1급)
- 『한국타로 & NLP상담 전문가협회』 오쇼젠 타로상담 트레이너(1급)
- 『한국타로 & NLP상담 전문가협회』 심볼론 타로상담 트레이너(1급)
- 『심볼론 타로 상담전문가』 (개정판) 공저
- 『한국 만다라 심리상담 협회』 만다라 코칭, 만다라 명상, 만다라 타로상담 전문가
- 국제공인 NLP 프랙티셔너
- ABH(American Board of Hypnotherapy) 최면 마스터프랙티셔너
- TPTF(Tebbetts Parts Therapy Foundation) 파츠테라피 퍼실리테이터
- 울트라뎁스(Ultra Depth) 퍼실리테이터
- 학급긍정훈육법(Positive Discipline in the Classroom) Trainer candidate
- 긍정훈육법(Positive Discipline) Trainer candidate
- 한국코치협회 인증 전문코치 KAC(Korea Associcate Coach)
- 『학급긍정훈육법 실천편』 공저
- 『학급긍정훈육법 문제해결편』 공역
- 『질문과 이야기가 있는 교실』 공저
- 『선생님의 해방일지』 공저
- 現 초등학교 교사

서의환 seo_jeom@naver.com | 010-2093-9502

- 『한국타로 & NLP상담 전문가협회』 심볼론 타로상담 트레이너(1급)
- 『한국타로 & NLP상담 전문가협회』 유니버셜웨이트 타로상담전문가
- 『심볼론 타로 상담전문가』 (개정판) 공저
- 現 서점書占 운영 중

김건숙 kks7352kks@naver.com | 010-4610-9412

- 상담심리학 박사, 청소년상담사 1급
- 『한국타로 & NLP상담 전문가협회』 유니버셜웨이트 타로상담전문가
- 『한국타로 & NLP상담 전문가협회』 컬러 타로상담 트레이너(1급)
- 『한국타로 & NLP상담 전문가협회』 마르세이유 타로상담 트레이너(1급)
- 『한국타로 & NLP상담 전문가협회』 심볼론 타로상담 트레이너(1급)
- 『심볼론 타로 상담전문가』(개정판) 공저
- 現 서래 심리상담센터 대표

서경은 sheismam@naver.com | 010-7444-8836

- 『한국타로 & NLP상담 전문가협회』 유니버셜웨이트 타로상담 트레이너(1급)
- 『한국타로 & NLP상담 전문가협회』 컬러 타로상담전문가
- 『한국타로 & NLP상담 전문가협회』 마르세이유 타로상담전문가
- 『한국타로 & NLP상담 전문가협회』 오쇼젠 타로상담 트레이너(1급)
- 『한국타로 & NLP상담 전문가협회』 심볼론카드 상담전문가
- 『한국 만다라 심리상담 협회』 만다라 코칭, 만다라 드로잉, 만다라 아트, 만다라 타로상담 전문가
- 충북대학교 평생교육원 타로상담 전문가과정 강사
- 現 한국타로상담 & NLP상담 전문가협회장, 한국 만다라 심리상담 협회장

성영미 jjwith@hanmail.net | 010-9513-5124

- 미술치료교육전공 박사
- 『한국타로 & NLP상담 전문가협회』 유니버셜웨이트 타로상담 트레이너(1급)
- 『한국타로 & NLP상담 전문가협회』 컬러 타로상담전문가
- 『한국타로 & NLP상담 전문가협회』 마르세이유 타로상담전문가
- 『한국타로 & NLP상담 전문가협회』 심볼론카드 상담전문가
- 『한국 만다라 심리상담 협회』 만다라 코칭, 만다라 명상, 만다라 타로상담 전문가
- 만다라 심리상담사(마그마힐링지도자) 1급, 한상담전문가 1급
- 現 중등교사

추주연 zooni2000@korea.kr | 010-3334-1728

- 교육학 석사
- 『한국타로 & NLP상담 전문가협회』 유니버셜웨이트 타로상담 트레이너(1급)
- 『한국타로 & NLP상담 전문가협회』 컬러 타로상담 트레이너(1급)
- 『한국타로 & NLP상담 전문가협회』 데카메론 타로상담 트레이너(1급)
- 『한국타로 & NLP상담 전문가협회』 오쇼젠 타로상담 트레이너(1급)
- 『한국타로 & NLP상담 전문가협회』 마르세이유 타로상담 트레이너(1급)
- 『한국타로 & NLP상담 전문가협회』 심볼론 타로상담 트레이너(1급)
- 『심볼론 타로 상담전문가』(개정판) 공저
- 『한국 만다라 심리상담 협회』 만다라 코칭, 만다라 명상, 만다라 타로상담 전문가
- 만다라 심리상담사(마그마힐링지도자), NLP상담전문가 1급, 한상담 전문가 1급, 아로마 전문관리사 1급
- 現 충청북도교육청 장학사

## 대표 감수 이명희

- 한국타로&NLP상담전문가협회 타로상담 트레이너(1급)
- 국제공인 NLP Practitioner
- 마르세이유타로카드 전문트레이너(1급)
- 컬러타로 상담전문가(3급)
- 에니어그램전문강사(1급, 평생교육연구회)
- 저서: 타로카드 상담전문가 프레젠테이션(공저)
            마르세이유타로카드 상담전문가(공저)
- 아동상담 박사수료
- 전 충북유아교육진흥원장


## 신경희

- 한국타로&NLP상담전문가협회 타로상담 전문가
- 데카메론 타로카드 상담전문가 트레이너(1급)
- 저서: 심볼론카드 상담전문가(개정판)(공저)
- 청주교육대학교 교육대학원 석사
- 현 초등학교 교감


## 우제석

- 한국타로&NLP상담전문가협회 타로상담 전문가
- 데카메론 타로카드 상담전문가 트레이너(1급)
- 교육학 석사
- 현 중등학교 교감

본 『학교 타로상담 & NLP상담(기본편)』의 오류가 발견될 경우,
다음 카페 한국타로 & NLP상담전문가협회
(cafe.daum.net/KANLP)에 공지하도록 한다.
또한, 카페에서 타로상담전문가로 나아가는 실전 상담 및
많은 정보를 얻을 수 있을 것이다.